EDUCAR PARA MADURAR

ALFRED SONNENFELD

EDUCAR PARA MADURAR

Consejos neurobiológicos
y espirituales para que tú
y tus hijos seáis felices

Duodécima edición

EDICIONES RIALP
MADRID

© 2026 *by* ALFRED SONNENFELD
© 2026 *by* EDICIONES RIALP, S. A.,
   Manuel Uribe 13-15 - 28033 Madrid
   (www.rialp.com)

Primera edición: abril 2015
Duodécima edición: febrero 2026

Preimpresión: www.produccioneditorial.com

ISBN (versión impresa): 978-84-321-7301-1
ISBN (versión digital): 978-84-321-5094-4
ISBN (versión bajo demanda): 978-84-321-5791-2
Depósito Legal: M-25940-2025
Impreso en Anzos, S. L. - Fuenlabrada (Madrid)

A mis padres, que encarnan estas páginas

ÍNDICE

NOTA A LA UNDÉCIMA EDICIÓN

LOS ÚLTIMOS AVANCES CIENTÍFICOS EN el campo de la neurobiología confirman el gran potencial de desarrollo con el que contamos los seres humanos. Una magnífica noticia que nos llena de entusiasmo: estamos mucho más capacitados de lo que pensamos. Alejémonos, por tanto, de la mediocridad, no nos convirtamos en una versión rebajada de nosotros mismos y, sobre todo, no permitamos que esto les ocurra a nuestros hijos.

Si somos capaces de interiorizar las premisas más elementales de la neurobiología y de aplicarlas en nuestra conducta cotidiana, especialmente en el trato con los niños, contribuiremos de manera eficacísima a su felicidad y, al mismo tiempo, aprenderemos a disfrutar más profundamente de esta maravillosa vida.

Movidos por esta ilusión y gracias a la colaboración de Ediciones Rialp S. A., presentamos en la undécima edición de esta obra, corregida y actualizada, algunos marcos de referencia que nos acompañen en el viaje hacia una vida lograda.

Todos los padres desean que sus hijos crezcan y se desarrollen felices; su alegría les hace sentir bien, dilata su corazón. La felicidad de sus hijos es vital para cualquier progenitor. Pero no conviene olvidar que nos encontramos ante un hecho que trasciende el entorno puramente familiar y que dicho *desideratum* no es ni mucho menos único y exclusivo de los padres, sino que deviene una máxima primordial para educadores, cuidadores y, en suma, para toda la sociedad. Responder afirmativamente a la pregunta, «¿es tu hijo feliz?» constituye el eje sobre el que giran las páginas de este libro.

Cada persona cuenta con un mundo interior que le es propio y que se diferencia de la realidad externa en la que habita. En el caso de los niños, desde pequeños deben acostumbrarse a lidiar con las emociones negativas, lo cual les permite aprender a desarrollarse de un modo responsable en el mundo que les rodea y a valorar esa felicidad verdadera que se asienta en la realidad de las cosas, marcando la debida distancia con un universo virtual a menudo presentado taimadamente como real, sobre todo en esta era de la hiperconectividad digital. Con esta premisa, los niños serán capaces de adquirir gradualmente habilidades para afrontar las pruebas de la vida, acostumbrándose a hacer de la necesidad virtud y de las dificultades, aventuras motivantes, superando con señorío los baches que inevitablemente jalonarán su recorrido vital.

A la mayoría de los padres les resultará familiar esta situación: el día se está acabando, el trabajo está hecho, los niños están en la cama. Parece que la calma ha hecho acto de presencia. ¿La calma? Ya les gustaría. Quizás haya una tranquilidad aparente en el hogar, pero dentro de sus cabezas siguen bullendo y relampagueando los pensamientos de la jornada que acaban de vivir y que no terminan de soltarles. Y no solo eso, también fluyen aquellos otros pensamientos que se refieren al día siguiente, especialmente al estrés que este nos deparará. La sensación de estar desbordados nos atenaza y nos produce ansiedad.

¿Qué ocurre si esa situación de estrés se contagia a los niños? ¿Sabes que tu estilo de vida puede hacer enfermar a tu hijo? Numerosos estudios científicos revelan que un ambiente familiar estresante produce un impacto negativo sobre el desarrollo del menor. En un hogar en el que los ataques de ira son frecuentes y abundan los gestos de intimidación, el sistema inmunológico del niño se ve afectado y sus defensas naturales contra todo tipo de enfermedades disminuyen.

Ciertamente, nuestro estilo de vida es cada vez más exigente y estresante. En lugar de usar la tecnología para conseguir más tiempo libre, en beneficio de nuestro descanso regenerativo y de una armonía vital más lograda, a menudo nos trastornamos con una facilidad pasmosa, ávidos por realizar más cosas y cuanto antes mejor, sin darnos cuenta del riesgo que supone vivir siempre al límite.

Hace unos treinta años, al llegar a casa después de la jornada laboral, podíamos dedicarnos sin estrés a una serie de actividades, para las que no era necesario estar permanentemente en modo *online*. Hoy en día parece invadirnos el deseo insuperable —que más que un deseo podría considerarse un imperativo social— de querer —tener que— contestar a una serie de correos electrónicos o mensajes de WhatsApp en todo momento y, por supuesto, también antes de dormir. «¿Todavía no has contestado a mi mensaje?», leemos a última hora de la noche. El cerebro no deja de darle vueltas a las cosas, incluso cuando estamos ya acostados, tratando de descansar. De hecho, los pensamientos que durante el día permanecen latentes, se manifiestan con más intensidad por la noche, en la intimidad del dormitorio, y nos roban el sueño. Lo que nos preocupa, nos impide dormir. ¡Cuántas veces somos incapaces de desconectar y liberar la mente! Y esto nos afecta más de lo que pensamos.

Pero ¿qué está ocurriendo?, ¿qué subyace bajo esta situación de hiperactividad constante, que parece no tener remedio? La contestación es que no podemos o no queremos desconectar de aquello que nos mantiene, casi podríamos decir, en movimiento perpetuo. Ciertamente hay muchas circunstancias exteriores que favorecen esta dinámica, pero en el fondo somos nosotros quienes mantenemos esta situación de hiperactividad *online*, quienes estamos enganchados a una realidad artificial que tratamos de justificar con todo tipo de argumentos poco convincentes. «Queremos, aunque no queremos», como los adictos que no consiguen desengancharse de las drogas, y es que nuestra situación no dista mucho de la de ellos, ya que también necesitamos, como el drogadicto, cambiar de actitud ante la vida y, para eso, hemos de cambiar también los hábitos.

Somos nosotros, con nuestros pensamientos y deseos adictivos, los que mantenemos esta «rutina hiperactiva», con la constancia del hámster que da vueltas en la rueda de su jaula. La mente se encuentra ante un conflicto al que no sabe darle solución y los mecanismos de alerta de nuestro cerebro se activan, dando lugar a sensaciones físicas y mentales poco agradables que provocan, a su vez, un desequilibrio en nuestro comportamiento, apoderándose de nuestro modo de actuar sin que percibamos cambios en nuestro estilo de vida: nuevos hábitos, pérdida de control sobre la realidad, sensación de tristeza, irritabilidad y, sobre todo, alteraciones psicosomáticas (malestares estomacales, tensión cervical, mareos, etcétera).

Pues bien, este frenético modo de vida repercute negativamente en el desarrollo de la *psique* de nuestros hijos. Buena parte de la literatura que se publica en la actualidad se centra en las dificultades que tienen los padres de hoy a la hora de lidiar, educar, tratar y gestionar la relación con sus hijos. Los conflictos paterno-filiales son más frecuentes que antaño y también es mayor la sensación de que los progenitores se encuentran superados por el mal comportamiento de sus pequeños.

Sin embargo, para entender bien la psicología de los hijos hemos de centrarnos en sus verdaderos problemas, que no pocas veces tienen su origen en la falta de desarrollo de su *psique*. Según el conocido psiquiatra alemán, Michael Winterhoff[1], especialista en el tratamiento de trastornos psiquiátricos infantiles, la pregunta central, y más inquietante, que debemos hacernos acerca de un número cada vez mayor de niños es: ¿están en condiciones de reconocer en el adulto al interlocutor adecuado bajo cuyo influjo pueden desarrollarse sanamente y madurar?

Cuando un niño nace, comienza a ver todo a través de los ojos de sus padres y, paulatinamente, va sacando conclusiones sobre quién es y cómo funciona el mundo. Todos los miembros de la familia influyen en él. Los padres transmiten muchas cosas, no solo mediante el lenguaje, sino también a través de la comunicación no verbal: gestos, movimientos corporales, tono de voz, sonrisas, lágrimas, etc. Pensemos entonces en lo que transmiten a sus hijos unos padres hiperactivos, incapaces de

---

[1] Michael Winterhoff, *Die Wiederentdeckung der Kindheit. Wie wir unsere Kinder glücklich und lebenstüchtig machen*, Gütersloh, 2017.

desconectar... ¿Cómo lograrían llevar una vida más serena[2], tan necesaria para el bienestar de sus niños, de la familia y de la sociedad? El bienestar es fundamental para el ser humano, aunque sea distinto para cada persona, pero, sin duda, propiciar entornos tranquilos y libres de situaciones nocivas es primordial para alcanzarlo, trasmitirlo a los demás y reconciliarse con uno mismo.

Michael Winterhoff advierte, además, de que en muchas familias se ha asentado un virus letal que él acordó en denominar *simbiosis*[3]. Con este término, Winterhoff se refiere al hecho de que muchos padres no distinguen adecuadamente entre ellos mismos y sus hijos. Estos serían una especie de extremidad, algo que pertenece a su cuerpo, de tal modo que lo que les ocurre a los niños lo sienten como suyo y les duele de igual modo que a ellos. Se puede afirmar que, en esta relación patológica entre padres e hijos, la diferencia de nivel o jerárquica ha desaparecido casi por completo. Aquellos niños con quienes sus padres interactúan casi como si fueran parte de una relación de pareja, en el fondo lo que están sufriendo es un abuso emocional por parte de sus progenitores. Las consecuencias de este desequilibrio en la relación padre-hijo son fatales para el buen desarrollo del niño, ya que queda atascado en una suerte de bloqueo emocional. Algo así como la aguja del tocadiscos que queda encallada en la ranura del vinilo. La *psique* del menor se bloquea y nos encontramos con que, a la edad de siete años, el niño todavía no sabe vestirse por su cuenta.

---

[2] Alfred Sonnenfeld, *Serenidad. La sabiduría de gobernarse*, Rialp, Madrid, 2018.

[3] Michael Winterhoff, *Lasst Kinder wieder Kinder sein! Oder. Die Rückkehr zur Intuition*, München, 2014. En este libro describe con detalle en qué consiste este trastorno.

Michael Winterhoff[4] describe con un ejemplo gráfico esta situación. En la sala de espera de su consulta hay un matrimonio joven con su hijo, el cual deja caer un trozo de papel al suelo. La madre le dice al niño: «Por favor, recoge ese trozo de papel». A continuación, es el padre el que se agacha y lo recoge.

Este fenómeno de la *simbiosis*, en el que los padres se van adentrando poco a poco sin apenas percibirlo, puede facilitar la explicación de numerosos comportamientos anómalos. También ayuda a entender, por ejemplo, por qué muchos niños reciben todo lo que piden: al no haber tenido ocasión de desarrollar convenientemente su *psique*, esperan que su interlocutor se adecúe permanentemente a sus deseos, con el evidente peligro de convertirse en pequeños tiranos[5]. Ya no es el niño el que se adapta al adulto, sino que es este el que se pliega a los requerimientos del menor, por muy disparatados que sean.

Afortunadamente, las soluciones que nos proponen los nuevos conocimientos de la neurobiología para afrontar estas situaciones patológicas no son difíciles de llevar a cabo. Se trata de volver a alcanzar la paz y serenidad para poder surfear las olas que quieren poner en peligro nuestra existencia hiperconectada. Hemos de aprender a hacer buen uso del mundo digital sin permitir que nos esclavice. De este modo volveremos a ganar ese tiempo tan necesario para encontrar la armonía, tanto con nosotros mismos como con nuestros hijos.

Nuestro cerebro cambia constantemente en función de las experiencias que tengamos y de lo que estemos

---

[4] Michael Winterhoff, o. c., 2017, pp. 68-69.
[5] Michael Winterhoff, *Warum unsere Kinder Tyrannen werden*, Gütersloh, 2008.

pensando en cada momento. Cada día recibimos un sinfín de informaciones que condicionan nuestra conducta de un modo único e irrepetible. El cerebro no es una máquina que funcione de manera determinista; al contrario, reacciona muy sensiblemente a las variaciones y fenómenos del mundo exterior.

Hasta que nos muramos nuestro cerebro siempre estará «en obras». Gracias a la neuroplasticidad –la capacidad que tiene el cerebro para formar nuevas conexiones entre las neuronas durante toda su existencia–, este se desenvuelve con notable pericia a la hora de afrontar las diversas situaciones que la vida le tenga reservadas. Cada neurona puede conectarse con hasta otras diez mil a través de sinapsis, puntos de unión entre las prolongaciones de estas, de los que depende en gran medida nuestro actuar.

Utilizando el lenguaje específico de la neurobiología, el aprendizaje consistiría en el proceso por el que aumentan el grosor, la consistencia y el peso de las sinapsis. El cerebro, por tanto, está aprendiendo siempre. No es cierto el típico dicho de que «lo que en la niñez no se aprende, no se aprende nunca». En todo momento es posible aprender cosas nuevas, incluso idiomas tan complejos como el chino, siempre y cuando encontremos la adecuada motivación para ello.

Ahora bien, lo que aquí nos interesa, y que será el eje fundamental de este libro, es cómo conseguir invitar, animar, inspirar y entusiasmar a los niños para despertar en ellos el deseo de aprender. ¿Cómo motivarlos? Así como el apetito tiene que venir desde dentro, de modo análogo la motivación ha de surgir desde el interior de la persona. Fijémonos en niños de cuatro o cinco años. Saben entusiasmarse treinta o sesenta veces al día. Basta con observarlos y nos daremos cuenta de que buscan nuevas experiencias, están en movimiento continuo, se sorprenden, se alegran, se entristecen hasta que se cansan y tienen hambre. Después de satisfacer estas necesidades esenciales, de nuevo se dejan llevar por el deseo de descubrir el mundo. Los seres humanos, por su propia naturaleza, se dejan motivar y no necesitan ser motivados. Los niños, con su alegría por descubrir nuevas cosas, tienen el deseo innato de hacer tareas y de ayudar. Esta motivación natural que, sin embargo, puede perderse con facilidad, se conoce con el nombre de curiosidad.

El gran físico alemán Albert Einstein, a pesar de los sufrimientos padecidos durante su etapa escolar en Múnich, en un colegio en el que las intimidaciones estaban a la orden del día, e incluso tras haber suspendido en el examen de ingreso a la Escuela Politécnica de Zúrich, aseguraba no haber perdido nunca la «curiosidad pasional» por las cosas.

Pero, ¿en qué consiste la curiosidad? El filósofo podría contestar a esta pregunta afirmando que la curiosidad consiste en entender mejor la pregunta. Y esto es cierto, porque preguntarse por la esencia de la curiosidad no deja de ser una cuestión llena de curiosidad. «Tener curiosidad» y «reflexionar» tienen mucho en común, ya que ambas actividades se dirigen hacia un contenido; lejos de que permanezcamos estáticos, nos mueven hacia algo que todavía no conocemos. Dicho de otro modo, la curiosidad es un gran generador para aprender. A mayor curiosidad, mayor aprendizaje y mayor capacidad de memorizar lo aprendido.

Apliquemos, pues, la curiosidad para comenzar este libro, que nos dará las pautas, apoyándose en los últimos avances de la neurobiología, para lograr la mejor versión de nosotros mismos y, en consecuencia, ayudar a que nuestros hijos alcancen la suya.

PRÓLOGO

NO ES FÁCIL ENCONTRAR GENTE INTERESANTE. Todo el mundo tiene aspectos positivos y dignos de aprecio y admiración, pero encontrar alguien *realmente* interesante no es frecuente. Afortunadamente, ocurre de vez en cuando. Lo cual me parece importante porque, cuando encuentras alguien así, un nuevo compañero de trabajo, un alumno destacado, un conferenciante en un congreso, se iluminan aspectos nuevos de la vida, de las relaciones humanas, se descubren a veces nuevos conocimientos o puntos de vista.

Cuando conocí al profesor Sonnenfeld recuerdo este sentimiento: ¡alguien interesante!

Alfred Sonnenfeld es un hombre bueno. Y esta fue la primera característica que percibí en él, ante alguien que irradia algo así como una preocupación desinteresada en acción. Esto me parece esencial en el entorno académico, donde buscamos el conocimiento, la verdad, la belleza en el sentido profundo que le daban los griegos de la Grecia clásica. En cuanto otra persona se convierte en importante para nosotros, el alma resplandece en su rostro y, de algún modo, apreciamos y agradecemos la fuerza gravitatoria de su existencia.

A medida que pasa el tiempo, se afianza más en mí esta idea, filosóficamente tan antigua: verdad y bondad permanecen íntimamente unidas. Especialmente cuando intentamos *aprehender* la naturaleza del ser humano y comprender los aspectos más sutiles y profundos de su cerebro y de su mente. Es necesario que el científico que se interroga por el ser humano sea, en lo más hondo de su naturaleza, un hombre bueno, y también feliz.

Se dirá que este planteamiento no encaja con el paradigma contemporáneo de ciencia empírica, donde solo se toma en cuenta «lo objetivo», la hipótesis derivada por inferencia y cuyas deducciones son contrastadas mediante la experimentación, «la prueba» empírica; se dirá que, en este esquema, nada tiene que ver que el científico sea de una u otra talla moral, mucho menos feliz o infeliz.

Pero no es así. El verdadero conocimiento, el que aproxima al hombre hacia la verdad, requiere de la participación de todo el *ser*. Y esto implica, además, comprender, en toda su magnitud, el concepto de *verdad*, hacia la cual nos conduce el conocimiento.

Este libro pretende esto: ayudarnos a encontrar la verdad.

¡Así que es un libro ciertamente sorprendente!

No es frecuente que un médico, con profundos conocimientos en neurobiología, intente explicar *la verdad* y aportar «consejos neurobiológicos y espirituales para que tú y tus hijos seáis felices», como indica el subtítulo del libro. Es ciertamente sorprendente y de ello se desprende que el autor debe serlo.

Al conocer en mayor profundidad al Dr. Sonnenfeld confirmé mi primera impresión: se trata de un hombre interesante, sin duda. No es frecuente tratar con un doctor en medicina, que ha sido miembro experto de la Comisión Ética de la Clínica Universitaria Charité de Berlín y profesor en la Facultad de Medicina de la Universidad Humboldt de Berlín que goza de veintinueve Premios Nobel. Mucho menos si, además, es doctor en teología e imparte seminarios de liderazgo ético como catedrático en la Universidad Internacional de la Rioja (UNIR) y en el Máster Propio de Comunicación y Salud de la Universidad Complutense de Madrid.

El libro es, en efecto, sorprendente. Pero no lo es especialmente porque conjugue simultáneamente los conceptos *neurobiología* y *espiritual*, ni tampoco porque aplique algunos de los conceptos más novedosos y sorprendentes de la moderna neurobiología y neuropsicología.

Ciertamente, este libro introduce al lector, con gran rigor y precisión, en muchos de los descubrimientos más recientes y novedosos de la moderna neurobiología. Pero su mayor valor para resultar sorprendente consiste en la manera en la cual *articula* estos conocimientos con aspectos propios de la psicología social y la psicología cognitiva y, sobre todo, la forma en la cual lo desarrolla para que parezca simple, sencillo de entender.

Hablar desde la neurobiología y la neuropsicología sobre aspectos de la vida cotidiana, vertebrando todo ello en torno al concepto de la *psique*, de la vida espiritual y hacerlo de forma rigurosa, pero clara y comprensible, es un reto. Si, además, todo ello se desarrolla en el marco de referencia de la *educación* de los hijos, de cómo educar para madurar y para ser felices, el reto es aún mayor.

Leer este libro es una delicia. Proporciona conocimientos sobre algunos de los mecanismos explicativos más importantes del comportamiento humano desde la neurobiología y también ideas y consejos sobre cómo entenderse mejor a uno mismo y cómo comportarse adecuadamente para ser mejor persona y, por lo tanto, mejor educador y, por consiguiente, más feliz. Pero es una delicia no solo por eso, lo es por la claridad con la que se transmiten conceptos, en realidad, tan complejos; pero especialmente lo es porque, de forma intuitiva, se detecta en él que se dice *la verdad*.

Un solo ejemplo, bien sencillo, de los cientos que abundan en el libro, ayudará a entenderlo. Dice el profesor Sonnenfeld:

> No se habla solamente de un *social brain*, sino también de un *egalitarian brain*. Desde el punto de vista del sistema motivacional y, por tanto, neurobiológico, vale la pena vivir cuidando la solidaridad humana y la generosidad, ya que de este modo nuestro sistema motivacional reacciona liberando las hormonas de la felicidad [...] la dopamina, la oxitocina y los opiáceos endógenos.

Es decir, basándose en evidencias neuropsicológicas, viene a decir el autor, se es más feliz actuando de forma generosa, en contra de todo egoísmo, sin esperar recibir nada a cambio. Y está dicho de forma, aparentemente, sencilla y clara. ¡*Voilà*, como si tal cosa!

El autor introduce otros aspectos muy recientes, y sorprendentes, de la moderna teoría de la neurobiología y la neuropsicología social. Por ejemplo, el concepto de «simbiosis entre padres e hijos», fruto de la moderna cultura digital, de los medios de comunicación de masas y de otras variables, admirablemente expuesto en el capítulo 6.

O el concepto de «pensamiento intuitivo», tan de moda ahora tras el libro de Khaneman, *Pensar rápido, pensar despacio*. El concepto de curiosidad, las neuronas espejo, la plasticidad cerebral, la mirada en el cerebro... un largo etcétera de conceptos neurobiológicos, sociales, antropológicos, éticos, filosóficos, entretejidos con inteligencia y claridad para que el lector pueda saborear, disfrutar y aprender conceptos muy complejos puestos al alcance con brillantez.

El autor, Alfred, es un hombre bueno. Un hombre interesante. Un intelectual que trabaja sin descanso con pasión y con interés por pensar *la verdad* y para transmitirnos sus conocimientos y su sabiduría sobre algo tan importante como es el psiquismo humano.

Esta es la clave: lo hace con *entusiasmo*, uno de los conceptos a los que mayor atención dedica en su libro, donde explica las bases neurobiológicas y la fuerza regeneradora y potenciadora del entusiasmo en todas las facetas de la vida del ser humano.

Y, con entusiasmo, le agradecemos esta brillante aportación que ahora nos hace con este libro que, quizá por ello y de forma merecida, va ya por su 11.ª edición.

UBALDO CUESTA

Director del laboratorio de neuro comunicación de la Universidad Complutense. Catedrático de Psicología de la Comunicación de la Universidad Complutense de Madrid.

1.
REFLEXIONES INTRODUCTORIAS

*Lo más importante a la hora de educar
es hacer de nuestro cerebro nuestro aliado
en lugar de nuestro enemigo.*

WILLIAM JAMES

EL NIÑO: UN MICROCOSMOS

Cada niño es un microcosmos, un pequeño pero complejo universo en el que los elementos biológicos, psicológicos y espirituales se interrelacionan sin solución de continuidad. Todo niño necesita, en virtud de su intrínseca dimensión humana, una educación que conduzca a su desarrollo como persona, o lo que es lo mismo, a una existencia plena y feliz. Ahora bien, la educación de un niño, al menos una educación que sea integral teniendo en cuenta los diferentes aspectos del ser humano, no representa una meta fácil de alcanzar, no hay recetas o fórmulas preconcebidas que garanticen el éxito de manera infalible. Es cierto que los niños poseen una naturaleza propia que podemos vislumbrar –y en ocasiones, incluso conocer– gracias a la sabiduría que nos proporciona el amor, pero esto no es suficiente.

El deseo de educar para madurar ha de tener en cuenta los estadios del desarrollo cognitivo y afectivo y, además, las bases neurobiológicas de la naturaleza humana. Algo así como un jardinero que cuida de las plantas regándolas y abonándolas sin pretender que crezcan ni que florezcan según su conveniencia o modo de pensar. La educación eficaz tiene muy en cuenta las etapas cognitivas y afectivas del niño. Si los padres adquieren la habilidad de «regar» convenientemente el cerebro de sus hijos, sabrán transmitirles la confianza adecuada para que, haciendo uso de su libertad, vivan experiencias de éxito y, gracias a ellas, se enriquezca su aprendizaje y mejore su bienestar personal. No se trata, por supuesto, de mimarlos o malcriarlos, sino de acompañarlos y conducirlos convenientemente en función de sus verdaderas posibilidades.

Dejad que los niños sean niños

En la actualidad, aquellos padres que están sobrecargados con actividades febriles tratan a sus hijos, en muchas ocasiones, como a la pareja de la que se espera una correspondencia afectiva, un modo de actuar que impide que los niños se desarrollen convenientemente. Sería un atentado contra el desenvolvimiento progresivo y sano del niño tratarlos a una temprana edad como un adulto, sin permitirles que vayan recorriendo las etapas normales del desarrollo infantil. Es precisamente este tema el que aborda el libro de Michael Winterhoff, *Dejad nuevamente que los niños sean niños o el retorno a la intuición*[1]. Para evitar

---

[1] Michael Winterhoff, *op. cit.*, 2014.

este modo de actuar, en el que se cae sin apenas notarlo, es necesario que los padres cambien su perspectiva y se serenen. Dicho de otro modo, tienen que dejar de ser el centro de atención, olvidarse de sus necesidades afectivas y volcarse en sus hijos. Un verdadero reto que, obviamente, redundará en el bienestar de sus pequeños.

A estas alturas es posible que algún padre se pregunte desconcertado: «Pero, ¿cómo se atreve a dudar de que quiera lo mejor para mis hijos? A ellos dedico mis mayores esfuerzos, son el centro de mis desvelos, de mis atenciones, de mis empeños, de mis deseos y anhelos. Hago todo lo posible para que les vaya bien porque es lo que a mí también me haría más feliz. De hecho, siempre que piden o reclaman algo se lo damos inmediatamente, sin titubear». Un razonamiento similar lo obtendríamos en las guarderías y los colegios, donde las cuidadoras y los profesores hacen todo lo indecible para contribuir al bien de los niños.

¿Dónde radica, pues, el problema? La clave se halla en los papás sobrecargados y agotados que sin apenas percibirlo quieren satisfacer sus necesidades a costa de sus hijos[2]. De este modo, un número de padres cada vez mayor, van a la deriva en cuanto a la crianza de sus hijos por no saber darles lo que verdaderamente necesitan. Están dispuestos a complacer todos sus deseos, pero no aciertan con lo que más necesitan. Analizaremos con más detenimiento este problema, aunque desde ya afirmamos que uno de los mejores regalos para los niños es el tiempo, algo que no se vende ni siquiera por internet. Cuando lo obtienen, sus pequeños ojitos destellan felicidad.

---

[2] Michael Winterhoff, *op. cit.*, 2017, p. 164.

Con estas premisas, en el presente libro nos adentraremos en las bases neurobiológicas y espirituales que resultan indispensables para la felicidad de toda persona, apreciables desde las fases más tempranas de su devenir en este mundo y que le acompañarán a lo largo de toda su vida. La investigación neurobiológica ha puesto de manifiesto que, para que el cerebro humano, y de modo especial el cerebro del niño, sea capaz de segregar las sustancias mensajeras neuroplásticas, que algunos neurobiólogos han acordado en llamar hormonas de la felicidad, ha de hacer cosas que le entusiasmen y que, por tanto, le lleguen muy adentro. Para ello, ha de crecer en un entorno en el que las relaciones personales sean de calidad, lo que supone, entre otras cosas, que los padres tengan muy en cuenta los intereses y destrezas de sus hijos.

Estar atentos a sus intereses es vital para nutrir la buena relación padres-hijos. Un buen vínculo familiar, es decir, una buena interacción del niño con sus padres, cuidadores y profesores garantiza un desarrollo exitoso del mismo. Allí donde los niños gozan de un entorno humano impregnado de verdadero amor y confianza, desaparecen los obstáculos a la hora de aprender a descubrir el sentido de la vida y de comprobar que vale la pena esforzarse para conseguir nuevas metas.

La sabiduría que espontáneamente emana del amor que una madre siente por su hijo, le ayudará a conducirle por caminos de felicidad. Los buenos consejos transmitidos por los padres influirán positivamente sobre sus vástagos, que paulatinamente comenzarán a actuar movidos por el amor, la confianza y la alegría. Para ello, se antoja decisivo contar con un juicio adecuado para asignarles aquellas tareas que susciten su entusiasmo, que les impulsen a actuar desde dentro, como algo propio y no como una mera recompensa externa a un comportamiento o logro establecidos. Solo de esta manera el niño desarrollará el enorme potencial que la naturaleza le ha regalado y que se encuentra a su entera disposición. No obstante, como insistiremos a lo largo de estas páginas, para que la motivación desemboque efectivamente en una verdadera felicidad será de gran utilidad conocer las relaciones que se articulan entre los centros neurobiológicos y la energía vital, la motivación, la fuerza de voluntad y la alegría por el esfuerzo realizado.

APRENDER A ELEGIR BIEN

Todos queremos ser felices. ¿Quién negaría esta afirmación? Ya en la Grecia clásica grandes filósofos debatieron acerca de cómo alcanzar una vida dichosa. También hoy ocurre lo mismo. ¿Qué opción nos hará más felices? Al preferir algo estamos eligiendo una posibilidad y postergando otra. Toda elección significa, a la vez, exclusión. En más ocasiones de las deseadas, sufrimos por nuestras malas elecciones. He hecho mal uso de mi libertad y la naturaleza no perdona, aunque sí tendré la posibilidad de enderezar nuevamente el camino si rectifico, y continuar avanzando incluso con más entusiasmo. ¡Qué importante es que los niños aprendan enseguida este modo de actuar! Saber prescindir de lo que obtendría inmediatamente a corto plazo, para ganar algo mucho más valioso a largo plazo.

La vida tiene una pluralidad de dimensiones, pero al mismo tiempo es una misma identidad desde que nacemos hasta que morimos. Una de las consecuencias más importantes para la felicidad del ser humano es que se puede alcanzar incluso en medio del sufrimiento, y, por el contrario, es posible ser apático e infeliz en medio del bienestar, de la abundancia material o de lo favorable. Es frecuente que nos encontremos con personas a las que les va bien económicamente, pero, al mismo tiempo, están amargadas y malhumoradas.

Muchas veces vivimos dispersos, fuera de nosotros. No sabemos convivir con nuestro yo por no conocer nuestra identidad. En momentos como los actuales, en los que se vislumbra el desconcierto en torno a la conciencia de la identidad del hombre, del sentido de la vida y de la calidad de los valores que la informan, parece más oportuno que nunca ofrecer, especialmente a las nuevas generaciones, coordenadas claras que permitan señalar puntos firmes de referencia.

El itinerario que nos hemos propuesto en este libro parte de datos psico-somáticos, neurobiológicos y espirituales del ser humano, científicamente comprobados, para acercarse después, siempre al hilo de la lógica más rigurosa, al plano de la ética de la persona, con el fin de dar respuesta a los anhelos de felicidad que todos experimentamos. Es fundamental, pues, recuperar una visión en la que la persona humana sea considerada en la globalidad de sus dimensiones, sin reduccionismos que envilecerían su altísima dignidad.

RELACIÓN MENTE-CEREBRO

El neurobiólogo estadounidense Eric Kandel, nacido en Viena y galardonado con el premio Nobel en el año 2000 por sus investigaciones acerca de cómo se pueden modificar las zonas de contacto de las prolongaciones neuronales o sinapsis neuronales, ha contribuido notoriamente a los nuevos descubrimientos de la neurobiología. Se puede hablar, incluso, de un antes y un después que nos obliga a cambiar nuestros conocimientos sobre la relación entre la mente y el cerebro. Kandel sugiere que la memoria depende de los cambios ocurridos en las sinapsis por ser determinantes para la consolidación, la pérdida y la estructuración de la memoria, y, en consecuencia, del aprendizaje. Recordemos también que uno de los grandes pioneros de la Medicina Psicosomática, Thure von Uexküll, decía que aquello que percibe y siente nuestra alma se manifiesta corporalmente. Por eso carecería de sentido una medicina aplicada a un cuerpo sin alma, o, análogamente, una psicología aplicada a un alma sin cuerpo.

Sería, por tanto, una gran equivocación detenerse a estudiar el funcionamiento de los genes independientemente del sujeto donde están ejerciendo su función. Los genes no llevan una vida autista, propia, independiente de su ambiente (*Umwelt*). Para que un organismo pueda vivir ha de tener en cuenta su entorno con sus circunstancias. Por eso carece de sentido hablar hoy en día de si son los genes o el entorno los causantes de ciertas propiedades o enfermedades. Siempre hemos de verlos en conjunto, dependiendo los unos de los otros. Dicho de otro modo, la eterna discusión científica *nurture versus nature* (crianza contra naturaleza) ha sido reemplazada por afirmaciones tales como: no estamos determinados por nuestros genes, cuya actuación depende de un amplio número de factores. Como veremos más detenidamente, muchos de esos factores tienen que ver con el modo en que vivimos, nuestro ambiente cultural e, incluso, la forma en la que viven y han vivido nuestros progenitores.

La vida presupone la existencia de un principio interior del que procede esa actividad que llamamos vida. Pero si la vida implica una actividad que fluye del interior del sujeto, la expresión vida espiritual significa, aplicada al hombre, no solo actividad sino inmanencia, conciencia de sí, conocimiento, amor.

Ese principio interior está íntimamente unido a los cambios constantes que tienen lugar en el cerebro humano, que no es como el corazón, el hígado o los pulmones, fijo y predecible. Por el contrario, el cerebro cambia constantemente y no es nada predecible. Preguntar cómo funciona un coche o un ordenador es muy distinto a preguntar cómo funciona un cerebro que no deja de actuar, tanto si estamos despiertos como dormidos, y además lo controla todo y le afecta todo. El cerebro sabe adaptarse a los entornos y a las diferentes situaciones; si viviésemos en la Amazonía sabríamos diferenciar ciento veinte tipos de tonalidades de verde, pero como habitamos en Europa, no necesitamos distinguir más de tres tipos.

Nuestro bienestar depende de la calidad de nuestras relaciones interpersonales

Tanto el trabajo mental como las sensaciones y experiencias que tenemos cada día dejan su huella en las diferentes estructuras del cerebro, es decir, se transforman en biología. Pero, además, todo aquello que aprendemos, vivimos y experimentamos tiene lugar en conexión íntima con las relaciones interpersonales, es decir, nuestro bienestar depende de la calidad de nuestras relaciones con las personas con las que convivimos día a día. Son estas relaciones las que van a influir, de modo importante, sobre el aumento o disminución de las sinapsis, pero también sobre su peso, sobre la formación o destrucción de nuevos caminos, carreteras y autopistas cerebrales que se van desarrollando, consolidando o atrofiando dependiendo del uso que hagamos de ellas. Se trata de un proceso para el que aún no se ha encontrado un nombre apropiado. Los ingleses y americanos lo denominan *experience dependent plasticity of neuronal networks*. Diferentes genes son activados o inhibidos, se forman nuevas neuronas y consiguen llegar al lugar en el que son necesarias para el uso cerebral o, por el contrario, son destruidas y eliminadas por falta de dicho uso. Todos estos procesos de adaptación cerebral a los diferentes estímulos como resultado del aprendizaje y de la experiencia reciben el nombre de plasticidad cerebral o neuroplasticidad; el cerebro no cesa de reestructurarse adaptándose, para ello, a los diferentes estímulos del mundo exterior.

Estos cambios, que casi podríamos calificar de infinitos y que tienen lugar en los cerebros de cada ser humano, hacen que cada persona sea completamente única. Sin embargo, a pesar del interminable y espectacular dinamismo cerebral, permanece el interrogante de nuestra identidad, que se refleja en la mente o en la personalidad.

LA FELICIDAD COMO ACTITUD

Lo dicho tiene gran influencia sobre la fuente de la felicidad, ya que para ser felices hemos de tener en cuenta las bases neurobiológicas del cerebro humano, que no dejan de tener una gran repercusión en el alma del individuo, la cual, por naturaleza, tiende a la felicidad. Pero ¿en qué consiste la felicidad?, ¿qué quiere decir ser feliz?, ¿significa haber tenido suerte o ganado mucho dinero de una u otra manera?, ¿significa tener buena salud?

Si nos preguntaran si preferimos ganar la lotería o quedarnos paralíticos tras un accidente de tráfico, nadie tendría mucho que pensar. La balanza se inclinaría rápidamente hacia la primera opción. Pero imaginemos que visitáramos a un ganador de la lotería y a un paralítico tras un año de haberse convertido en tales. Sin duda pensaríamos que el primero sería mucho más feliz que el segundo y, sin embargo, los estudios estadísticos nos sorprenden, dejándonos incluso atónitos, al revelarnos que la contestación no es tan fácil. Lo que nos manifiestan es que la proporción de personas que se consideran dichosas es similar en ambos casos.

Ciertamente, tener de repente una parálisis como consecuencia de un accidente es una nueva situación que, por lo general, es vivida como dramática. El futuro es incierto. ¿Volveré a caminar?, ¿podré vestirme?, ¿podré reincorporarme al trabajo o al estudio? No obstante, dependiendo de cómo asuma la enfermedad y me enfrente a la nueva situación de vida, seré feliz o infeliz.

¿Qué nos dice todo esto? Sencillamente que la gente con poco dinero o con la salud deteriorada puede ser muy feliz, y eso ya desde muy pequeños. El prestigioso neurofisioterapeuta francés, Michel Le Métayer, dedicó su existencia a aumentar la calidad de vida de los niños con parálisis cerebral, defendiendo que tenían que conseguir ser felices. Para ello se valía de la fisioterapia, los instrumentos ortopédicos, la estimulación de los sentidos y, sobre todo, del desarrollo de sus potencialidades cerebrales, que son mucho más grandes de lo que nos habíamos imaginado. Al igual que Le Métayer deseaba la felicidad «a todos los niveles» para sus pacientes, también nosotros queremos alcanzarla. Pero no basta solo con anhelarla.

Es necesario apoyarnos en nuestras bases neurobiológicas y espirituales, que nos proporcionan consejos útiles para llevar una vida feliz.

Ya en el año 1642 Thomas Browne, médico y escritor londinense, afirmaba: «Soy el hombre vivo más feliz, llevo dentro de mí aquello que convierte la pobreza en riqueza, la adversidad en felicidad». ¿A qué se refería? La contestación es bien sencilla. Se trata de la capacidad de convertir lo que denominamos malo, en bueno; de transformar algo que consideramos negativo en un acicate para crecer, para madurar como personas.

Podemos decir, por tanto, que la felicidad verdadera no procede de tener suerte, dinero o buena salud. Se trata más bien de una actitud. Pero ha de ser una actitud que proceda de dentro del sujeto, es decir, de cada uno de nosotros, y que nos lleva a hacer las cosas con entusiasmo, con ilusión. La felicidad ficticia es la que viene de fuera, como regalada, sin esfuerzo personal. La que procede del interior, de dentro del sujeto, es la verdadera, y se adquiere como consecuencia de la actitud que tomamos ante las diferentes situaciones de la vida.

Si algo no sale como a ti te gusta, en vez de molestarte y enfadarte, pregúntate, ¿cómo me hace más fuerte este contratiempo? Que el día se presente radiante, lleno de luz y de color depende más de tu actitud que de si hace sol o está nublado. Y, sobre todo, lo que es más importante, nuestro bienestar depende de las relaciones que tenemos con otras personas. Si vivimos teniendo en cuenta los nuevos conocimientos que aporta la neurobiología acerca del ser humano, estaremos en condiciones de disfrutar más del día a día, pues obtendremos la sabiduría del «bien hacer», aquella que nos dicta, en realidad, el sentido común, aunque con frecuencia lo olvidamos.

Lo normal es que deseemos dinero, poder o placer. Cuando lo conseguimos, comprobamos que no era realmente lo que queríamos ¿Qué deseábamos en realidad? Algo que nos hiciera felices, lo que en la Grecia clásica se denominaba *eudaimonía*, es decir, una vida lograda, la cual se alcanza gracias a mi esfuerzo; un esfuerzo que me entusiasma y en el que pongo toda mi vida. Esta felicidad es la verdadera. Por supuesto, toda felicidad tiene su precio, pero no hay duda de que cada uno de nosotros estamos en condiciones de conseguirla, independientemente de nuestra edad, salud y circunstancias sociales.

El que se deja dominar desordenadamente por sus pasiones y vive de ensueños vanos, centra sus deseos en caminos errados, que terminan dañándole. Un ejemplo sería el de aquellos que recurren a las drogas. Acaban convirtiéndose en personas esclavizadas, obsesionadas por algo que las tiraniza; un deseo que excluye todos los demás. Se encuentran completamente bajo el dominio de una pasión y, de ese modo, no viven en armonía, en amistad consigo mismos. Para ser feliz hay que saber integrar todas las pulsiones del ser humano bajo un todo. A esto lo llamamos «tener y ejercer señorío» sobre nuestros actos. Cuando actuamos de esta manera, no nos dejamos someter por impulsos tiránicos, sino que nos enseñoreamos de ellos. Es precisamente la libertad interior la que me ayuda a tener ese punto de mira que lo unifica todo, al que podríamos denominar proyecto de vida: el que da sentido a todo lo que hago. Aquel que se encamina en esta dirección será capaz de alcanzar una vida lograda.

Pero ese punto de mira que todo lo unifica también puede denominarse amor. La felicidad descansa en el amor, que está muy por encima del mero respeto. Cuando se quiere a una persona de verdad se está dispuesto a darle lo mejor de nosotros. No se trata tan solo de cumplir un deber porque «así debe ser» o porque nos hemos resignado a ello. Tampoco de sentirse bien, idea que puede dar lugar a grandes equivocaciones. Mucha gente se contenta con un bienestar placentero momentáneo, pero eso no significa que sea feliz, pues la felicidad es un estado más profundo que no solo abarca ciertos momentos de placer.

Podríamos mantener a un paciente atado a una mesa de operaciones, incluso durante años, en estado eufórico y de bienestar, lo cual no equivaldría a que fuese feliz. Pero, preguntémonos de nuevo, ¿acaso la vivencia subjetiva del éxito, la alegría, no forma parte de eso que entendemos por felicidad? Sin duda esto es así, pero ¿quién estaría dispuesto a que le provocasen de manera ficticia, mediante fármacos y otros procedimientos, un estado permanente de euforia? Esto sería, por supuesto, un engaño, por la sencilla razón de que esta supuesta felicidad inducida no se correspondería con la realidad[3]. La felicidad se halla en el encuentro con la realidad —personas y cosas—, no en simulacros, mundos virtuales o situaciones de enajenación.

Y en este contexto, el del encuentro con los demás, con el mundo que nos rodea, el amor adquiere el puesto de integrador, y aún más, el de timón para conducirnos a una vida lograda. Es precisamente el amor el que disuelve el antagonismo entre querer y deber. Si el amor está presente, las cosas se hacen desde dentro, superando las

---

[3] Robert Spaemann, «Wirklichkeit als Anthropomorphismus», en *Schritte über uns hinaus. Gesammelte Reden und Aufsätze, II*, Stuttgart, 2011, pp. 188-215.

contradicciones, no por el mero hecho de tener que hacerlas, sino porque quiero, me da la gana, me entusiasman e ilusionan, incluso aunque me cueste mucho ponerlas por obra. Pero vivir por amor no deja de ser un reto. Un reto que nos lleva a las altas cumbres de la vida, sabiendo que la vida únicamente vale la pena vivirla para amar.

Feliz es quien, a pesar de la enfermedad, de haber perdido a un ser querido o su puesto de trabajo, sabe integrar esas dificultades en un todo que le permite descubrir el sentido profundo de esa situación. Y esto lo consigue porque la felicidad no es algo que viene de fuera, sino que procede de dentro de nosotros mismos.

Esto es lo que nos enseñó el gran psiquiatra vienés Victor Frankl, quien pasó tres años de su vida en cuatro campos de concentración, uno de ellos Auschwitz. Él experimentó lo que significa llevar una «existencia desnuda». Tratado de un modo inhumano, extrajo de esa situación extrema algo que, incluso, dotó de sentido a esa horrible experiencia, gracias a lo cual pudo impedir que otros terminaran suicidándose durante su cautiverio. Tres motivos le ayudaron durante aquellos años a dar sentido a su vida: su mujer, Tilly Grosser; su proyecto de trabajo, la logoterapia, sobre la que había escrito un tratado que los nazis destruyeron; y el buen humor.

El ejemplo de Frankl es un caso extraordinario, que nos pone sobre la pista de aquello acerca de lo que trata este libro: hacer buen uso de nuestro cerebro y de nuestras posibilidades espirituales. Tengo la impresión de que durante nuestra vida somos mucho menos de lo que podríamos ser, es decir, llevamos una existencia raquítica, viviendo por debajo de nuestras posibilidades neurobiológicas y espirituales. El axioma central de la neurobiología nos anima a hacer buen uso de nuestro cerebro: «*Use it or lose it*», indicándonos también que, en caso de no usarlo, las neuronas y las sinapsis neuronales se atrofiarán.

Espero que la lectura de este libro nos anime a cultivar la ilusión y el entusiasmo, para enseñar a nuestros niños y adolescentes todo lo que necesitan para vivir plenamente y alcanzar una felicidad auténtica, desarrollando sus posibilidades neurobiológicas y espirituales. La persona que mejor sabe lo que necesita el niño es la que tiene una relación de verdadero amor con él. Esa buena madre, ese buen padre, ese buen cuidador, ese buen profesor sabrán inspirar al pequeño para que haga buen uso de su cerebro y sea capaz de desplegar convenientemente las grandes posibilidades de que dispone. En cada uno de nosotros existe un potencial mucho mayor del que pensamos. En nuestras manos está hacerlo crecer, pero, para ello, es necesario fomentar esa curiosidad pasional que llevó a Albert Einstein a realizar grandes sueños.

originariamente anclado en nuestro cerebro. Los niños nacen con el deseo de ayudar y de hacer cosas buenas por los demás. Muchas veces los problemas surgen posteriormente, por las malas influencias que son toleradas y el cerebro, como hemos visto, se adapta también a situaciones desastrosas que finalmente se aceptan y hasta se adoptan, lo que evidentemente es indeseable.

Pero, por naturaleza, el cerebro humano no solo está calibrado para vivir de modo adecuado la solidaridad humana y el compromiso social; no es únicamente un órgano social, también dispone de un calibrador para la justicia y la lealtad. Tiene la tendencia, casi se podría decir el instinto, para la repartición justa y equitativa de los recursos disponibles. Por este motivo no se habla solamente de un *social brain*, sino también de un *egalitarian brain*[12]. Desde el punto de vista del sistema motivacional, y por tanto neurobiológico, vale la pena vivir cuidando la solidaridad humana y la generosidad, ya que de este modo nuestro sistema motivacional reacciona liberando las hormonas de la felicidad a las que ya nos hemos referido y que, volvemos a repetir, son la dopamina, la oxitocina y los opiáceos endógenos.

Después de lo dicho pienso que podemos entender la contestación del gran psiquiatra y escritor estadounidense Karl Meninger, que vivió hasta los cien años de edad y al cual, antes de morir en 1990, le preguntaron qué le recomendaría a una persona que sufriera una depresión nerviosa. Él contestó sin titubeos: «Salga de su casa, cruce las vías del ferrocarril, encuentre a alguien necesitado, y haga algo por él. Libérese del yo por un tiempo, y empezará a sentirse mucho mejor».

---

[12] Joachim Bauer, *op. cit.*, 2013, pp. 37-38.

La base neurobiológica que acabamos de describir, y que conduce a la aceptación social y a la ayuda mutua, explica también el hecho de que los bebés, antes incluso de poder hablar, favorecen claramente las estrategias de cooperación. El gran psicobiólogo americano Michael Tomasello ha podido demostrar, con la ayuda de diferentes experimentos, cómo niños de entre catorce y dieciocho meses ayudan espontáneamente a otros de su misma edad, en caso de tener dificultades. Esta actitud de generosidad espontánea la demuestran incluso en aquellos casos en los que los otros niños son desconocidos, y también en los que no esperan ningún tipo de gratificación. Los niños pequeños, así resume Tomasello, son por naturaleza empáticos, dispuestos a cooperar, generosos y ayudan a otros proporcionándoles información[13].

PALABRAS QUE ABREN MUCHAS PUERTAS

Lo que acabamos de decir implica que los cerebros de los niños están programados por naturaleza para conectarse con los demás. Se sienten atraídos por los demás cerebros circundantes. Y esto significa que un niño que ha escuchado con frecuencia las palabras «gracias», «por favor», «buenos días» o «lo siento», pronto se dará cuenta del respeto mutuo, de la reciprocidad y resonancia social, lo cual va mucho más allá de un simple acto de cortesía. El niño va adquiriendo la capacidad de hacer cambios paradigmáticos, y es capaz de darse cuenta de que, si otro niño se está columpiando, tendrá que esperar un poco para poder hacer uso de ese columpio.

---

[13] Michael Tomasello, «The ultra-social animal», en *European Journal of Social Psychology*, 44, pp. 187-194.

Ciertamente, lo normal es que un niño de tres años al que sus padres o parientes han enseñado a decir «gracias» no capte el profundo valor de la reciprocidad y del respeto que contiene esta palabra, pero de ese modo se va creando un buen abono para comprenderlo posteriormente en su sentido más profundo. Por lo general es entre los dos y siete años, durante el «estadio de inteligencia intuitiva», como diría Jean Piaget (1896-1980), cuando los niños van despertando progresivamente al sentido del respeto, o, dicho de otro modo, a trascender poco a poco el propio mundo y de ese modo poder ponerse en la situación del otro con empatía, sentido de la justicia y reciprocidad.

Esto que acabamos de ver en la naturaleza de los niños, con más razón debería ocurrir con los mayores, pero es cierto que el egocentrismo parece definir nuestro modo de actuar. La actitud egocéntrica sitúa al yo en el centro de la propia vida, y constituye la raíz de todo desequilibrio caracterológico[14]. Sin embargo, el egocentrismo no entraña una distorsión irreparable ya que puede superarse mediante el servicio desinteresado a los demás. Por eso es preciso recordar que, si bien podemos errar y desorientarnos con facilidad, no obstante, al comienzo de nuestra existencia, disponemos de un potencial de desarrollo muy superior al que necesitaríamos para llevar una vida feliz. Uno no nace cascarrabias, sino que se hace cascarrabias. Uno no nace terrorista, sino que se hace terrorista.

En cada uno de nosotros, la actitud de negarse a cooperar situando el propio yo en el centro de toda acción, constituye la raíz del egocentrismo que fácilmente puede conducir a una estrechez existencial y a múltiples formas

---

[14] Alfred Sonnenfeld, *Destino: corazón enamorado*, Madrid, 2016, pp. 20-24.

de desequilibrio del carácter. Por eso es bueno que nos empeñemos en rectificar la intención y ayudar a los niños a que lo hagan. La rectitud de intención es una cualidad que nos lleva a emprender muchas tareas en beneficio de los demás. Encaminar nuestra intención hacia el bien de los demás tiene manifestaciones muy prácticas en las relaciones cotidianas. Se trata de tener pequeños detalles, por ejemplo, calcular cuánto se puede servir uno de una fuente que ha de llegar también a otros comensales; no tomar la mejor parte al servirse el primero; tener la preocupación de afrontar los propios gastos sin que recaigan injustamente sobre otros; saber adelantarse con la intención de descargar de trabajo a un compañero y hacérselo más llevadero; agradecer las deferencias de las que uno pueda ser objeto, prescindiendo de caprichos innecesarios.

Cuando actuamos solo desde una perspectiva egocéntrica, no se puede vivir en armonía con los demás y, además, dañamos al sistema motivacional, que deja de segregar las hormonas de la felicidad. Si cada cual se ocupa tan solo de satisfacer sus gustos es imposible superar la contraposición de intereses. Con tales planteamientos se actuaría siempre como niños mimados y caprichosos que solo se dejan conducir por el «sistema basal», del que hablaremos en el siguiente capítulo, y que se caracteriza porque quienes se someten a él no acaban nunca de superar su inmadurez infantil.

4.
EDUCAR EN EL AUTOGOBIERNO

La educación ayuda a la persona
a aprender a ser lo que es capaz de ser.

HESÍODO

TENEMOS UN SOLO CEREBRO

Si se observa el cerebro desde arriba, percibimos que se divide en dos hemisferios, que son como dos mitades que están íntimamente unidas por un arco de sustancia blanca, llamado cuerpo calloso.

La idea de que una persona piensa más con el lado derecho o el izquierdo del cerebro es solo un mito, quizás no tan llamativo como la extendida creencia de que los seres humanos solo utilizamos el 10 % de nuestros cerebros[1]. Como habíamos visto al hablar de la neuroplasticidad, nuestro cerebro tiene una capacidad enorme de aprender independientemente de si nos apoyamos más

---

[1] Soraya Nadia McDonald, «He might be the voice of God, but don't believe Morgan Freeman when he says "You only use 10 percent of your brain"», en *The Washington Post*, 23 de julio de 2014. Ver también, Christian Jarret, *Great Myths of the Brain*, New Jersey, 2014.

65

en el hemisferio derecho o en el izquierdo. Hay algunas empresas, como Nintendo, que difunden este mito, al animar en la publicidad de su juego *Left Brain Right Brain*[2] a averiguar si «eres un *righty* o un *lefty*». El mito ha invadido incluso el ámbito de la neuroeconomía, que considera que el éxito de una empresa se basa en lograr que los empleados que utilizan uno y otro hemisferio aprendan a hablar el mismo lenguaje.

Este mito surge porque, igual que en otras muchas ficciones, parece explicar algo que percibimos; en este caso que cada estudiante aprende de una manera distinta, que hay personalidades diversas y gustos por cosas diferentes, que hay personas más sistemáticas y otras más imaginativas. Pero lo cierto es que no es así, no constituye un cimiento sólido para intentar armonizar los dos hemisferios, ya que de este modo no se consiguen corregir las disfunciones mentales o de comportamiento[3].

Hay funciones, como apunta el experto español en investigación cerebral, José R. Alonso, en el artículo ya citado, tales como el lenguaje o ciertas habilidades visuoespaciales que son más intensas en el hemisferio derecho o izquierdo. En la mayoría de los individuos diestros, prestar atención a estímulos relacionados con el lenguaje genera una actividad cerebral principalmente en el hemisferio izquierdo mientras que prestar atención a estímulos

---

[2] *https://www.amazon.com/Left-Brain-Right-Nintendo-DS/dp/B000V6I-7TE/ref=pd_sim_63_3?_encoding=UTF8&pd_rd_i=B000V6I7TE&pd_rd_r=e91d4c3e-1291-11e9-a60b-cfebfa3ec185&pd_rd_w=yKp33&pd_rd_wg=nozkc&pf_rd_p=18bb0b78-4200-49b9-ac91-f141d61a1780&pf_rd_r=VW50CM6K86CYV28E37CX&psc=1&refRID=VW50CM6K86CYV28E37CX*

[3] *https://jralonso.es/2016/08/08/el-mito-del-cerebro-izquierdo-y-el-cerebro-derecho/*

implicados en el procesamiento visuoespacial genera actividad más intensa en el hemisferio derecho. También se observa algo parecido con las matemáticas. Algunas tareas aritméticas, como contar o recitar las tablas de multiplicar implican más neuronas del hemisferio izquierdo que del derecho, mientras que otros aspectos, como estimar cuántos objetos similares hay en un dibujo, lo hacen a la inversa. Pero, en realidad, todos usamos ambos hemisferios. Nadie está dominado por uno u otro ya que la información fluye entre ambos a través del cuerpo calloso en frecuentes viajes de ida y vuelta.

Lo que sí sabemos, es que cualquier función cognitiva compleja pone en marcha una red con múltiples regiones, distribuida en ambos hemisferios y que funciona de forma coordinada. En realidad, podríamos considerar al encéfalo (toda la masa cerebral) como una orquesta sinfónica neuronal, donde según los momentos puede haber zonas o incluso neuronas individuales que tienen mayor protagonismo, pero ni hay elementos silentes −el mito del 10 %− ni podemos decir que una parte de la orquesta domina sobre otra, el mito de la dominancia hemisférica.

APRENDER A VIVIR EN ARMONÍA

De acuerdo con los psicólogos y expertos en investigación cerebral, podemos distinguir en el cerebro dos sistemas fundamentales que han de intervenir complementándose armónicamente. Por un lado, el denominado sistema basal, situado en la parte inferior del cerebro que actúa de abajo arriba (*bottom-up*), y que nos hace desear instintivamente una chuche, un dulce, un videojuego, un estímulo mediático o cualquier otra cosa que queremos de modo imperativo en determinados momentos, y todo ello sin reflexionar sobre esos deseos espontáneos y preceptivos. Por otro lado, está el sistema que actúa de arriba abajo (*top-down*), localizado en las redes neuronales del cerebro prefrontal o corteza prefrontal, y que en caso de intervenir debidamente puede gobernar adecuadamente los diferentes impulsos del sistema basal[4]. El niño está capacitado, por lo general a partir de los dos años, para poco a poco, ir aprendiendo a autogobernarse, es decir, para armonizar e integrar los diferentes estímulos procedentes de la parte basal del cerebro.

Lo que acabamos de decir no significa que haya que reprimir todos los impulsos que procedan del sistema basal, ni tampoco que haya que operar sobre los mismos adiestrándolos o supeditándolos como si fuéramos domadores en una jaula de animales. No se trata de reprimir nuestros instintos mediante un control ciego, sino de saber integrarlos positivamente en el contexto de la personalidad. La alegría de vivir y de saber disfrutar de las cosas buenas de la vida es esencial para nuestra salud. Por eso se entiende fácilmente que aquellas personas que saben autogobernarse, es decir, vivir en armonía consigo mismas, lleven una vida más lograda y, obviamente, no sufran tanto los diferentes miedos y depresiones que con tanta frecuencia amenazan e invaden a aquellos que no han desarrollado dicha capacidad. La neurobiología nos dice claramente que gozamos más de la verdadera felicidad si alcanzamos un mayor autogobierno sobre nosotros mismos.

---

[4] Para una información más detallada, véanse las magníficas descripciones de Joachim Bauer en su libro *Selbststeuerung. Die Wiederentdeckung des freien Willens*, München, 2015.

Como han podido demostrar detalladamente diversos estudios neurobiológicos, los niños tan solo podrán alcanzar un buen desarrollo de su cerebro si los padres y educadores consiguen guiarles, como si discurrieran por un plano inclinado, hacia la consecución y el gozo de un autogobierno más logrado. Dicho de otro modo, los padres dañarían a sus hijos si siempre ceden ante sus peticiones caprichosas, procedentes por lo general de los deseos espontáneos del sistema basal. Los buenos padres y educadores, en cambio, saben dar consejos excelentes a los niños, ya que identifican y transmiten con claridad el sentido de las actuaciones de aquellos, sopesando con prudencia sus diferentes edades y capacidades de asimilación.

A finales de los años sesenta del siglo pasado se fue desarrollando lo que después sería el famoso test de la golosina[5] en el que un niño recibe una golosina y una instrucción clara: se la puede comer de inmediato, o esperar cinco minutos y comerse dos. ¿Qué hará? ¿Y qué indica su decisión acerca de su futuro? Este sencillo experimento, ideado por el legendario psicólogo Walter Mischel, que ocupó durante muchos años la cátedra Robert Johnston Niven en la Facultad de Psicología de la Universidad de Columbia, supuso una auténtica revolución y lo convirtió en el primer experto mundial sobre autogobierno. Mischel ha demostrado que la capacidad de aplazar la recompensa es fundamental para una vida exitosa, y produce mejores resultados académicos, mejores funciones cognitivas y sociales, un estilo de vida más saludable y una mayor autoestima.

---

[5] Walter Mischel, *El test de la golosina. Cómo entender y manejar el autocontrol*, Barcelona, 2015.

El desarrollo o crecimiento humano puede ser entendido como humanización, como formación o como maduración. Neurobiológicamente hablando podríamos decir que una persona ha adquirido un cierto grado de madurez por saber vivir en armonía consigo misma. Si lo aplicamos al niño, significa que está en condiciones de superar contratiempos tales como una rabieta por haber hecho un cambio de paradigma. No como antes de la hora de la comida esta golosina porque disfrutaré más de ella después de haber comido. En este, caso saber cambiar una situación cortoplacista por otra a largo plazo.

No es necesario contarle teorías a un niño, sino ponerlo con delicadeza en situación de enfrentarse con la vida activamente, también ilusionándole para que lea, por ejemplo, un libro, pero siempre haciéndole ver la importancia de hacer buen uso de su propia libertad, ya que esto le estaría haciendo mejor.

Por lo general, es todo aquello que le «llega muy adentro», lo que le hace vibrar y poner en marcha ese gran motor motivador que todos llevamos en nuestro interior. Podemos mucho más de lo que pensamos y esta realidad nos permite entender mejor que si los padres y educadores elogian más el proceso que el resultado, los niños se enfrentarán mejor a los desafíos en lugar de darse por vencidos cuando las cosas se complican. La motivación que sale de dentro durará toda la vida si sabemos mantener la ilusión de la primera vez. Para este proceso de formación y de maduración se necesita, ciertamente, paz interior y serenidad[6] y todos sabemos que la formación no termina

---

[6] Alfred Sonnenfeld, *Serenidad. La sabiduría de gobernarse*, Rialp, Madrid, 2018.

nunca, pero es verdad también que la adquirida en años tempranos de la vida constituye una ayuda relevante para poder llevar una vida lograda.

El Diccionario de la Real Academia define el término madurez humana como tener buen juicio, prudencia y sensatez, así como la edad de la persona que ha alcanzado la plenitud vital y aún no ha llegado a la vejez. Por tanto, podríamos considerar que una persona es madura cuando dispone de una libertad plenamente responsable. Tiene, pues, mucho que ver con el buen uso de libertad. Algo así como tener en las manos la propia vida y ser capaz de responder a lo que me va deparando. La persona madura no vive su vida por encargo de nadie[7], no es vivida, sino que ella misma vive. En la persona madura hay una coherencia en el diseño de su vida, con el proyecto de vida que se ha ido forjando. La madurez está muy relacionada con la coherencia, la fidelidad y la capacidad humana de aceptar libremente compromisos de gran envergadura. Y para ello, recordando el famoso test de la golosina, hemos de saber decir un «no» cortoplacista para obtener un gran sí a largo plazo.

---

[7] Jose María Barrio, *Elementos de Antropología Pedagógica*, Rialp, Madrid, 1998, pp. 211-215.

5.
NEUROPLASTICIDAD

*Aprender cambia la forma en que las células del cerebro
se comunican entre ellas en centros específicos.
El punto de comunicación se llama sinapsis,
y demostré que este puede transformarse según
la forma de aprendizaje.*

ERIC KANDEL

¿QUÉ SIGNIFICA APRENDER?

El cerebro humano pesa aproximadamente el 2 % del peso corporal, pero necesita más del 20 % de la energía que ingerimos a través de la alimentación. Así como las alas de una golondrina o las aletas de un delfín consumen grandes cantidades de energía por ser necesarias para volar o nadar, el cerebro humano ha sido optimizado a través de siglos de evolución para efectuar un aprendizaje cada vez más eficaz y, por tal motivo, puede permitirse el lujo de consumir tanta energía. Pero al hablar de aprendizaje no decimos necesariamente que la naturaleza nos haya optimizado para ser exitosos en el colegio. Tendríamos una visión muy reducida de la actividad cerebral si pensásemos que el cerebro humano tan solo está capacitado para aprender cosas de memoria o resolver problemas matemáticos.

Los nuevos conocimientos de la neurobiología nos han hecho ver que el modo de funcionar del cerebro humano dista mucho de cómo funciona un coche o un ordenador. En el caso de las máquinas estamos ante resultados tangibles, observables y predecibles. Pero el cerebro no nos ofrece resultados observables y predecibles. El cerebro funciona en todo momento, tanto si piensas como si duermes, aunque, sin duda, hay una enorme diferencia entre lo que hace en estado consciente o inconsciente[1].

Todos aprendemos de modo diferente, lo cual significa que, al aprender algo, el cerebro de cada uno de nosotros cambia de modo distinto. Pero ¿qué es lo que cambia? La contestación es sencilla: el número y el grosor de las uniones entre las prolongaciones de las células del cerebro, también llamadas sinapsis.

El cerebro humano tiene un número muy elevado de neuronas, que podría oscilar en torno a unos cien mil millones. Pero, además, cada neurona puede estar comunicada con hasta otras diez mil a través de su prolongación central, que recibe el nombre de axón, y, sobre todo, a través de un número muy elevado de dendritas –palabra que deriva del vocablo griego *dendron* y que significa árbol– que constituyen las diferentes ramificaciones neuronales.

Las neuronas tienen la capacidad de adaptarse a los diferentes influjos que provienen tanto de los estímulos sensoriales como de los cognitivos. Asimismo, como hemos indicado al afirmar que «las palabras no son ni inocentes ni impunes», también estas y los pensamientos ejercen un gran influjo sobre el cerebro, lo que implica que cambie permanentemente. Podemos así afirmar que el cerebro

---

[1] Susan Greenfield, *¡Piensa! ¿Qué significa ser humano en un mundo en cambio?*, Barcelona, 2009, pp. 29-44.

tiene una gran *plasticidad* –término técnico que procede de la palabra griega *plastikos* y significa moldeable– o, más apropiadamente, *neuroplasticidad*.

Lo que subyace a esta afirmación es algo maravilloso. Podemos aprender nuevas cosas durante toda nuestra vida. Esta es una gran noticia, una afirmación que nos permite llegar a la conclusión de que podemos configurar el mundo de acuerdo con nuestros pensamientos, si bien también es cierto que no todo lo que hemos hecho en este mundo es digno de admiración. El ser humano es la causa de muchas situaciones desastrosas en nuestro planeta.

UNA MIRADA A NUESTRO CEREBRO

Siempre que pensamos, percibimos algo, sentimos o actuamos se producen huellas en nuestro cerebro. Nuestra memoria, desde el punto de vista del soporte cerebral, no es más que la suma de esas huellas que se forman en nuestro cerebro como consecuencia de diferentes vivencias que han hecho que cambiase la unión entre las conexiones neuronales, que se conocen también con el nombre de *sinapsis*. Pero en realidad, las neuronas no contactan, no se unen entre sí, sino que están separadas por un hueco llamado *sináptico*, y la señal eléctrica no puede cruzar esta pequeñísima grieta o hendidura. Es necesario un intermediario para ir de una neurona a otra, así que un mensajero químico o transmisor se libera de ellas y activa la siguiente. Cuando la señal eléctrica llega al final de la neurona, descarga o dispara la liberación del neurotransmisor, que surca la sinapsis y atraca en la célula objetivo, y este atraque molecular descarga una nueva señal eléctrica. Los lugares de contacto y de unión a la altura de las sinapsis cerebrales se pueden fotografiar e incluso filmar.

El aumento del grosor de las prolongaciones neuronales y de su zona de adhesión al *hueco sináptico* para que la transmisión tenga lugar con más facilidad y rapidez es lo que se conoce con el nombre de aprendizaje. Aprender significa, desde el punto de vista neurobiológico, aumentar el número y el grosor de las uniones entre las prolongaciones neuronales. Cada día deja su marca en las sinapsis neuronales. Sin embargo, a pesar del espectacular dinamismo de nuestro cerebro, nuestra identidad permanece[2].

¿Cómo se traduce, en la práctica, lo que acabamos de describir? Para esclarecerlo imaginemos a un niño que comienza a explorar el mundo; su cerebro, como es lo propio a su edad, posee un gran potencial de desarrollo para ir formando, de este modo, nuevas sinapsis cerebrales. El niño está acompañando a su mamá, observando junto a ella una plantación de fresas. Instruido por su madre trata de coger alguna con sus manos. Más tarde, a la hora de comer, en el momento de tomar el postre, verá en la mesa las fresas que ha recogido; ha aprendido a hacerlo y, además, conoce mejor ese tipo de fruta.

Habíamos visto que los niños vienen a este mundo con el deseo de hacer tareas, de desarrollar su potencial creativo de acuerdo con sus gustos y aficiones. Pensemos, por ejemplo, en un niño aprendiendo a andar, y comprobaremos, una y otra vez, que su tolerancia a la frustración

---

[2] Este hecho ya era conocido por el gran filósofo de la Grecia clásica, Platón. En su famoso libro *El banquete*, afirma que por mucho que cambie un ser humano, ya sea corporalmente, como en sus opiniones, pasiones, alegrías, preocupaciones, miedos o carácter, la identidad permanece inalterable. Véase, *El banquete*, 207, d-208 a.

no conoce límites: se apoya en una silla o una mesa para levantarse, pero cae, y así un día tras otro hasta que logra mantenerse erguido, y lo hace con tanta perfección que ningún robot podría igualarlo[3].

El cerebro del bebé aprende a andar de «caída en caída» y este aprendizaje lo va almacenando en huellas cerebrales que van configurando diferentes patronos o moldes en el cerebro. Los niños, durante este proceso, no se frustran ni piensan que esa tarea es pesada o les supera y, al final, se ponen en pie y caminan.

LOS PROCESOS MENTALES INFLUYEN SOBRE NUESTRO CEREBRO

Durante mucho tiempo se pensó que el cerebro no cambiaría como consecuencia del trabajo intelectual. Hoy sabemos que no es tan solo el órgano más complicado sino también el más dinámico. Si no se usase, se desintegraría poco a poco el «cableado del *hardware*». Podemos afirmar, por tanto, que nuestro cerebro es algo así como un órgano que se halla constantemente en obras[4]. El cerebro se adecúa sin cesar a las diferentes exigencias de la vida; por supuesto y de modo especial también a las exigencias intelectuales. Es más, para que se produzcan nuevas neuronas a partir del hipocampo, es necesario tomar una actitud pro-activa en la vida. Toda pasividad cerebral perjudica nuestra neurogénesis (generación de nuevas neuronas). No olvidemos que sobre todo los niños pueden crear nuevas neuronas en función de la estimulación recibida; que

---

[3] Manfred Spitzer, *Medizin für die Bildung. Ein Weg aus der Krise*, Heidelberg, 2010, pp. 50-56.

[4] Manfred Spitzer, *Digitale Demenz. Wie wir uns und unsere Kinder um den Verstand bringen*, München, 2012, pp. 48-49.

los efectos neurofuncionales son específicos en función de dicha estimulación ambiental, y que los padres son los responsables de los estímulos que los bebés y niños pequeños van a recibir en esta etapa de su vida.

Tomar una actitud pro-activa en la vida significa no sentarse las tardes y las noches en el sofá y dejarse entretener únicamente con el primer programa de televisión que se nos presente en la pantalla. Pero también significa no dejarse esclavizar por todo tipo de estímulos, sin ningún filtro personal y responsable, incluidos los que provienen del mundo digital.

Acabamos de afirmar que el cerebro cambia constantemente y, por tal motivo, tiene una capacidad de adaptación muy grande. Los cerebros humanos se forman constantemente por medio de cambios incesantes en las configuraciones dinámicas de las conexiones entre las neuronas, por la incesante interactuación de los genes que se encienden y apagan dependiendo para ello de las relaciones humanas y de otros muchos factores del micro-entorno del cerebro y de los acontecimientos y azares del mundo exterior. Este hecho ha contribuido a que los seres humanos pudiésemos habitar en los nichos ecológicos más dispares, adaptándonos para ello a las situaciones más inverosímiles. No corremos de manera especialmente rápida, no somos particularmente fuertes, no oímos ni vemos tan bien como muchas otras especies. Pero en lo que superamos totalmente al reino animal es en nuestra capacidad para adaptarnos a nuestro entorno, utilizando para ello nuestra inteligencia y nuestra memoria. Por tanto, no nos sorprende que ocupemos más nichos ecológicos que ninguna otra especie del planeta. Esta capacidad de adaptación ofrece a cada persona el potencial de ser distinta.

El cerebro de cada uno de nosotros reacciona de modo diferente y único ante los estímulos del mundo exterior, pero también ante los interiores, incluso ante los diferentes pensamientos que se nos van pasando por la cabeza. El premio Nobel del año 2000, Eric Kandel, fue quizás el primer neurobiólogo que pudo comprobar[5], que dos personas al hablar entre ellas están cambiando el grosor de las uniones entre las prolongaciones de las células cerebrales; esto ocurre en tanto en cuanto cada una de esas personas recuerde esa conversación, lo que nos permite entender más fácilmente la fuerza sanadora que puede tener una palabra.

Hasta no hace muchos años se pensaba, equivocadamente, que pronunciar palabras no podría suponer ningún cambio, a nivel biológico, de las estructuras cerebrales. Para ello se argüía que, una vez establecidas las neuronas, ya no habría cambios en ellas. Como ya hemos dicho, hoy se sabe que el cerebro se modifica constantemente, incluso a edades muy avanzadas, lo cual se conoce con el nombre de plasticidad neuronal.

Todas aquellas conversaciones que registramos en nuestro cerebro, tanto consciente como inconscientemente, dejan su impronta. Se puede afirmar, por tanto, que ciertas palabras o pensamientos se pueden traducir en un cambio físico en el cerebro. Un estímulo verbal puede hacer que determinadas conexiones y asociaciones se disparen. Al confluir, por ejemplo, ciertas experiencias negativas que hayamos tenido en nuestra niñez con palabras que nos hacen recordarlas, tenderemos a dramatizar

---

[5] Eric Kandel, *Auf der Suche nach dem Gedächtnis. Die Entstehung einer neuen Wissenschaft des Geistes*, München, 2006; Eric Kandel, *Psychiatrie, Psychoanalyse und die neue Biologie des Geistes*, Frankfurt am Main, 2008.

dichas palabras o nuevas situaciones que en sí no son relevantes pero que nosotros registramos como negativas e incluso hirientes por relacionarlas con sucesos desagradables. Las neuronas actúan sincrónicamente, formando un conjunto o ensamblaje (*assembly*) con ciertos contenidos de la memoria que se conocen con el nombre de *engramas*. Es decir, una información, un pensamiento o una idea se pueden convertir en un *ensemble* (conjunto), que equivale a una red o circuito neuronal y que se traduce en un engrama, que no es más que una grabación similar a la de un disco; no lo oyes hasta que algo lo activa. Cuando un *engrama* se reestimula, la mente reactiva reproduce la grabación y haces y dices las mismas cosas que te hicieron y que te dijeron cuando quizás eras un niño.

Fue el psicólogo canadiense Donald Hebb[6] quien ya en los años cuarenta del siglo pasado afirmó que las neuronas que se descargan conjuntamente también se cablean conjuntamente (*Neurons that fire together, wire together*). Dicho de otro modo: lo que se activa al unísono, eso se ensambla. De esta manera las neuronas que se activan sincrónicamente se unen conjuntamente como consecuencia de una experiencia pasada que se guarda en la memoria.

---

[6] Donald Hebb, *The Organisation of Bahaviour*, New York, 1949.

6.
EL NIÑO ES EL ARQUITECTO
DE SU PROPIO CEREBRO

*Ya es hora de que la humanidad conozca la
naturaleza de la psique, ya que es cada vez más
evidente que el mayor peligro que amenaza al hombre
proviene de su propia psique y, por tanto, de esa parte
del mundo empírico que menos conocemos.*

CARL GUSTAV JUNG

DANZA MÁGICA

El desarrollo del cerebro es un proceso fascinante y lleno
de encanto que algunos neurobiólogos acordaron en denominar «danza mágica». Este proceso comienza antes de
nacer, en el útero de la madre, y se prolonga después del nacimiento con gran intensidad dependiendo para ello de las
experiencias personales que tenga el niño. Por tanto, podemos decir que el niño es el arquitecto de su propio cerebro.

Las neuronas se van agrupando en redes neuronales
perfectamente estructuradas, específicamente interconec-
tadas por las prolongaciones de las neuronas y particularmente definidas por la naturaleza química de sus contactos
sinápticos. Es así como la mente y la conducta tienen
como fundamento biológico una morfología particularmente compleja que ofrece movimientos y adaptaciones
que se asemejan a una danza mágica. Nos quedamos

81

verdaderamente atónitos al contemplar el crecimiento de este microcosmos.

Las conexiones a través de las prolongaciones de las neuronas, que como habíamos visto, también son conocidas como conexiones sinápticas, presentan una gran proliferación en los primeros años de vida. La densidad sináptica, es decir, el aumento rápido de enlaces sinápticos después del nacimiento, se debe sobre todo a los estímulos externos, ya sean visuales, auditivos, táctiles, olfativos o gustativos. Son las experiencias que los niños tienen después del nacimiento, las responsables del establecimiento de las interconexiones neuronales en el cerebro.

La respuesta del cerebro a esas experiencias permite a los pequeños desarrollar funciones muy complejas, entre las que están el lenguaje, la cognición o el comportamiento, según el axioma central de la neurobiología: «Usa tu cerebro o acabarás perdiéndolo». Los dos primeros años de vida suelen ser el periodo crítico para que el movimiento estimule la formación de los circuitos neuronales que impulsan el desarrollo de muchas funciones del cuerpo humano. El juego entre los niños en la vida real, no tanto el virtual o de los videojuegos, y todas aquellas actividades que induzcan al movimiento, no deberían faltar en la infancia.

Recordemos también, como ya hemos mencionado, que la plasticidad cerebral supone que podemos cambiar la estructura y la configuración del cerebro durante toda la vida y que esto ocurre en función de las experiencias que tengamos con el entorno en el que nos movemos. Dicho de otro modo, podemos mejorar nuestra capacidad de aprendizaje, nuestras habilidades cognitivas y nuestra memoria, y adaptarnos a nuevas situaciones, incluso después de haber sufrido lesiones cerebrales de envergadura.

Dos científicos holandeses hicieron referencia en la revista *The Lancet*[1] a una niña de tres años que padecía una encefalitis focal crónica en su hemisferio cerebral izquierdo, a raíz de la cual se decidió practicar una hemisferectomía (extracción o inhabilitación de un hemisferio cerebral). Está comprobado que es en el hemisferio izquierdo donde están más activos (lateralizados) los centros del habla. A pesar de que se le extirpó medio cerebro, la niña es, hoy en día, bilingüe, dominando el turco y el holandés.

A diferencia de los ordenadores que actúan de fuera adentro, el cerebro, de acuerdo con su naturaleza biológica, que es materia viva, actúa de dentro afuera; cambia su estructura y sus funciones según la edad, el aprendizaje, la patología, y, sobre todo según el uso que hagamos de él. La enorme neuroplasticidad de la que es capaz el cerebro humano se refiere a la producción, modificación o recuperación de la conducta o la cognición perdidas. También podemos afirmar que el cerebro se autoorganiza dependiendo de muchos factores internos y externos que influyen sobre el cuerpo humano.

Diversos estudios científicos han demostrado que aquellos niños que están adecuadamente alimentados y viven en un entorno sano familiar, con compañeros de juego activos, pueden gozar a la edad de doce años, de cerebros que funcionan considerablemente mejor que los niños educados en ambientes menos estimulantes[2]. Podemos afirmar que el entorno no solo influye sobre el número de

---

[1] J. Borgstein y C. Grootendorst, «Half a brain», en *The Lancet*, 359, 9 de febrero de 2002. «Though the dominant hemisphere was removed, with its lenguaje centres and the motor control for the left side of her body, the child is fully bilingual in Turkish and Dutch».

[2] Ver *http://unesdoc.unesco.org/images/0011/001163/116350so.pdf*

interconexiones del cerebro, sino también sobre el modo que tienen los niños de actuar y de relacionarse. Un estrés prematuro puede influir negativa y permanentemente en la función cerebral del niño.

El psicólogo canadiense Albert Bandura (nacido en 1925) es uno de los investigadores más influyentes en el campo de la psicología humana. Sobre todo, debido al desarrollo de su teoría del aprendizaje social (TAS) que centra el foco de estudio sobre los procesos de aprendizaje del niño en su interacción con el mundo circundante. Lo que él había dicho en el siglo pasado se vio confirmado por el descubrimiento de las neuronas espejo, que nos permiten transformar las informaciones visuales y auditivas, aquello que percibimos de modo especial con los ojos y oídos, en movimientos corporales. Sobre todo, aquello que los niños ven a su alrededor se convierte en modos diferentes de actuar. Se orientan, por tanto, por aquellos modelos que contemplan e imitan en su entorno social. Bandura se había percatado de la gran influencia que ejercen los procesos de la sociedad sobre el niño.

Hoy por hoy podemos apreciar que los problemas que presentan los niños en su aprendizaje o en su desarrollo, ya sea emocional o social, se deben sobre todo a la influencia que ejercen los procesos de la sociedad sobre el educando. Se puede decir que el número de niños y adolescentes que acuden al psiquiatra o al psicólogo ha aumentado considerablemente, pero sobre todo con motivo de las transformaciones sociales que tienen un gran impacto en la relación del adulto con el niño.

Hace unos treinta años, cuando el niño acudía con sus padres al psiquiatra, al psicólogo o al psicoterapeuta lo hacía generalmente con el fin de que el médico detectase alguna anomalía en la conducta de los progenitores. Se trataba de identificar algún hábito dañino o alguna deformidad en la biografía parental para entender mejor algún comportamiento anómalo de los hijos. Se requería para ello hacer una anamnesis, analizar algún recuerdo de la infancia que podría tener efectos sobre la familia y de modo especial sobre el niño. Sin embargo, estos casos prototípicos, a los que se podrían añadir otros muchos como la influencia del embarazo, algunas situaciones traumáticas de la vida pasada, etc., ya no representan el estándar de los motivos por los acuden al psiquiatra en la actualidad.

El cambio de paradigma que se ha efectuado en los últimos treinta años consiste en que ahora la causa principal de las enfermedades psíquicas de los niños se debe primordialmente al influjo de las transformaciones sociales, que influyen poderosamente sobre el desarrollo de la *psique* del niño, lo cual se manifiesta de modo ostensible en la relación niño-adulto, que suele estar distorsionada[3].

Pero antes de continuar, y para entender adecuadamente qué implican estas alteraciones en el desarrollo de la psique del niño, vamos a referirnos al concepto de psique, que fue adoptado en la psiquiatría por el gran psiquiatra suizo Eugen Bleuler (1857-1939). En su famoso manual de Psiquiatría del año 1916 habla de las causas que obstaculizan el buen desarrollo de la psique del niño[4].

---

[3] Michael Winterhoff, *Lasst Kinder wieder Kinder sein! Oder: Die Rückkehr zur Intuition*, München, 2014, pp. 14-15.

[4] Eugen Bleuler, *Lehrbuch der Psychiatrie*, Berlin, 1916, XVII. Die Oligophrenien (Psychische Entwicklungshemmungen).

Respecto al origen de esta palabra, procede del griego ψυχή *(psyché)* y su primer significado es «alma humana».

La psiquiatría y la psicología entienden por psique aquello que es formado por los fenómenos y los procedimientos que ocurren en la mente, lo que podría equivaler a la capacidad exclusiva del ser humano de «saberse a sí mismo y actuar dinámica y voluntariamente sobre su entorno». Esta definición engloba dos grandes conceptos: el de consciencia (autopercepción del propio ser) y el de libertad (capacidad de actuar dinámicamente sobre el medio). De estos dos conceptos el segundo, la libertad, es el más difícil de definir y explicar científicamente. La moderna psicología cognitiva, en general, la interpreta como la capacidad para realizar elecciones de conducta sobre alternativas ofrecidas por el entorno.

Esta capacidad humana de actuar reflexivamente sobre el entorno para conducirse hacia lo mejor (hacia el bien en su sentido psico-social, es decir, individual y grupal) podría ser considerada una pura evolución cósmica, pero esto no parece ser suficiente ya que mutila la verdadera definición de psique o «naturaleza profunda del ser». La mejor definición que tiene en cuenta la estructura trascendental del ser humano sigue siendo la atribuida a san León Magno (390-461): «Despierta y reconoce la dignidad de tu naturaleza; recuerda que has sido hecho a imagen de Dios». Ciertamente, una definición llena de futuro y, por tanto, de esperanza. Desde mi punto de vista, es el único modo de comprender, plenamente y en profundidad, el significado de «psique del ser humano».

Pero volvamos ahora a la psique infantil. ¿Qué ocurre si el niño carece de una psique saludable, probablemente porque se haya estancado y no se haya desarrollado convenientemente? En este caso la adaptación a su entorno será defectuosa y sufrirá diversos trastornos. A este respecto, es interesante subrayar que cuando la psique está sana, el niño posee más oportunidades de adaptarse al medio ambiente y a los requerimientos de la sociedad, y esto se debe a que la psique gozará entonces de mejores reflejos cognitivos, afectivos, condicionados e incondicionados.

Lo expuesto hasta ahora confirma las palabras –que abren este capítulo– del fundador de la Psicología Analítica, Carl Gustav Jung (1875-1961): «Ya es hora de que la humanidad conozca la naturaleza de la psique, ya que es cada vez más evidente que el mayor peligro que amenaza al hombre proviene de su propia psique y, por tanto, de esa parte del mundo empírico que menos conocemos». Afirmación que supone que lo esencial del ser humano no podemos comprenderlo en profundidad apelando únicamente a conceptos objetivos propios de la ciencia moderna.

Infancia «colonizada» por el mundo digital

En el actual escenario social, incluso las instituciones tradicionales más relevantes como son el Estado y la Iglesia son consideradas tan solo como un actor más en la dinámica del mercado global, y no precisamente el más fuerte. La desaparición de puntos de referencia y orientativos repercute negativamente en la psique del niño, lo que le hace más propenso a padecer dificultades, desequilibrios y distorsiones mentales.

Los profesores en el colegio tienen que repetir las pautas más elementales de comportamiento: «No ridiculizar al otro alumno o al profesor», «no pegar mordiscos al bocadillo en mitad de clase», «no correr ni gritar por los pasillos ni salas de un museo», hasta que hayan sido asimiladas.

El fenómeno de la globalización vinculado al desarrollo de las nuevas tecnologías y expandido por todo el planeta contribuye a generar, de forma solapada y no planeada, una desintegración social que propicia la incomunicación o la comunicación sin presencia física, *face to face* (cara a cara). Los expertos en análisis culturales, socioeconómicos y políticos de la sociedad hablan de una fragmentación y desestructuración cultural y social con graves consecuencias para la identidad personal y, de modo especial, para la estructuración psíquica del niño[5]. Muchos individuos están desnortados y fragmentados, ya que la noción misma de identidad ha cambiado.

En realidad, el mundo digital, internet, las redes sociales, etc., con mucha frecuencia, desnortan a la persona en lugar de orientarla. Internet ofrece posibilidades casi infinitas, alternativas sin fin, opiniones de todo tipo. Sin embargo, la capacidad de orientar, de fijar un norte, de educar, consiste, precisamente en lo contrario. Se trata de presentar al educando el mejor camino, es decir, cuál es la verdadera opción entre las múltiples alternativas; la que *realmente* le conducirá hacia el bien, la felicidad y un desarrollo pleno como ser humano firme, bondadoso y responsable.

---

[5] Jean M. Twenge, *iGen. Why Today's Super-Connected Kids Are Growing Up Less Rebellious, More Tolerant, Less-Happy-and Completely Unprepared for Adulthood*, Nueva York, 2017. Para la catedrática de Psicologia de San Diego, Jean Twenge, los nacidos a partir de 1996 pertenecen a la generación Z (iGen), los *posmillenials*. Son menos rebeldes, más tolerantes, menos felices, pero no están nada preparados para la edad adulta. En España, la mayoría de ellos tiene móvil desde los once años y están siempre conectados, comunicándose sin presencia física, lo cual equivale a no pronunciar ni una sola palabra.

En este nuevo contexto de sociedad líquida[6], constantemente «bañada» por el flujo omnipresente de internet y los *mass media*, se trastocan y confunden conceptos sociales que deberían permanecer claros. Por ejemplo, el concepto de autoridad, en cuanto persona revestida de respeto y sabiduría que orienta y dirige, ayudando a alcanzar la madurez. Así, en muchos casos, el niño ya no reconoce al maestro como tal, ni siquiera al médico pediatra. Las tradiciones vinculantes del pasado han perdido su fuerza a la hora de determinar los roles sociales y la conducta individual.

Ni que decir tiene que esta fragmentación deja su impronta en los más indefensos, los niños que, repetimos, fácilmente se desorientan y, tenemos que insistir, ni siquiera saben reconocer en el profesor a una persona provista de autoridad que les quiere transmitir nuevos conocimientos. Esto no deja de ser sorprendente, sobre todo porque los padres y cuidadores, parece que se esfuerzan más que nunca en proporcionar a sus hijos una buena educación.

Los efectos de la globalización y del mundo hiperconectado e hiperactivo sobre los niños, hacen que la infancia se vea cada vez más «colonizada» por el mundo digital y los estilos de vida poco sanos y estresantes.

Se trata, por tanto, de saber detectar y esclarecer los efectos negativos que van apareciendo con motivo de los cambios estructurales de la sociedad y que intervienen, como una poderosa fuerza, sobre el desarrollo de la psique del niño impidiendo su desarrollo normal. Si el niño no goza de una psique bien desarrollada y robusta, no podrá adaptarse al entorno a través de un buen aprendizaje. Una psique tullida difícilmente se adaptará a las exigencias de la vida social y será proclive a sufrir diversos trastornos.

---

[6] Zygmunt Bauman, *Vida líquida*, Barcelona, 2017.

El psiquiatra alemán Michael Winterhoff observa que la fase narcisista de los niños, que normalmente debería de durar hasta los diez o dieciséis meses de edad, se prolonga más allá con cierta frecuencia. Desde hace un tiempo acuden a su consultorio niños mucho mayores que no han superado esta etapa. En ese periodo de desarrollo, el niño no distingue todavía entre cosas y personas, por lo que difícilmente respeta a los demás. El único principio que rige el comportamiento en esa fase es el de satisfacer lo que le apetece.

En un desarrollo ideal, el niño se va encontrando con límites y los padres y los otros adultos que lo rodean van estableciendo rutinas para que aprenda a controlar su conducta, gracias a transformaciones que se van produciendo en su estructura cerebral. Ello implica asumir conflictos que muchos padres prefieren evitar para compensar los problemas que tienen en otros ámbitos de sus vidas. Dicha actitud se observa en detalles aparentemente triviales, como el hecho de que muchos niños y adolescentes ya no saludan a los adultos o que apenas cumplen con sus tareas.

La explicación a este comportamiento, tal y como apunta Michael Winterhoff, es que hoy muchos niños crecen en el marco de una *simbiosis*[7]. Con este término, Winterhoff denomina una relación patológica entre padres e hijos en la que los primeros no consiguen distinguir entre ellos mismos y sus pequeños. En estos casos se produce una fusión de la

---

[7] Michael Winterhoff, *Lasst Kinder wieder Kinder sein! Oder: Die Rückkehr zur Intuition*, München, 2014, pp. 13-20: «Eltern unterscheiden nicht mehr zwischen sich und ihrem KInd, sondern und denken und handeln, als wenn es sich beim Nachwuchs um einen Teil ihrer selbst handel würde. Aus diesem Grunde spreche ich von einer Symbiose, also einer Verschmelzung der Psyche von Eltern und Kind».

psique de los padres con la de sus hijos. Pero este proceso tiene lugar de modo inconsciente; los padres no lo buscan intencionadamente, por lo que sería erróneo culpabilizarlos de maltrato o educar mal a sus niños.

Es conveniente poder detectar en la sociedad aquellos procesos que actúan de modo distorsionante sobre la relación entre el niño y el adulto. Decimos que es muy conveniente tener estos factores en cuenta para poder contrarrestarlos y contribuir eficazmente al desarrollo normal de la psique del niño.

Winterhoff destaca el hecho de que en muchos niños se detiene su desarrollo emocional y social a una edad cada vez más temprana, lo que puede ocurrir incluso aunque en otros aspectos de su vida se comporten de manera adecuada a sus años. Como consecuencia de esta interrupción o estancamiento en el desarrollo de su psique se pueden objetivar varias anomalías que, si no se tienen en cuenta y no se corrigen a tiempo, pueden dar lugar a situaciones desafortunadas cuando sean más mayores.

Los progenitores, en ocasiones, «invaden», sin darse cuenta, el espacio interior del niño manipulándolo para que hagan ciertas cosas o adquieran ciertos comportamientos que no son propios de su edad ni de su condición de niños. De este modo, los adultos pretenden que los niños actúen como ellos, como adultos, sin permitirles que pasen por todas las etapas de su desarrollo psíquico y social para construirse y formarse como personas. No se trata de culpabilizar a los padres. En la inmensa mayoría de los casos actúan con la mejor intención, pero no se dan cuenta de que la sociedad está interrumpiendo o incluso bloqueando los pasos evolutivos de sus hijos.

Recordemos que hoy en día los procesos de selección para ingresar en una universidad de prestigio o desempeñar un trabajo, no analizan tan solo las habilidades técnicas o «duras» que se fundamentan en los conocimientos adquiridos, desarrollados y aprendidos a lo largo de la formación académica, sino también las llamadas «habilidades blandas»: la actitud ante el trabajo, el respeto a los horarios, la puntualidad, saber priorizar tareas, la cortesía y amabilidad, el trato con los demás, la empatía, el trabajo en equipo... Muchos jóvenes se defienden con las primeras, pero carecen casi por completo de las segundas.

En síntesis, debido a la «presión mediática», a los estereotipos sociales dominantes, muchos padres, abuelos o educadores no cumplen con su responsabilidad al educar a los niños, debido a que no se comportan con ellos como adultos, acompañándolos durante las diferentes etapas del desarrollo de su psique. Del mismo modo que un astronauta que flota en el espacio es incapaz de saltar, por carecer de punto de apoyo, los niños tampoco pueden hacerlo si no tienen los referentes necesarios.

No son los padres o los cuidadores los que han de acoplarse a los gustos y deseos de los niños, sino estos quienes han de acomodarse a las directrices que posibilitan su educación. Es importante que tengan horarios y los cumplan. Es importante que sepan comportarse en la mesa, ya coman en casa o en un restaurante. Si les permitimos todo a nuestros hijos, buscando su aceptación, estaríamos impidiendo el desarrollo de su psique, los estaríamos sentenciando a comportarse siempre como críos y, de este modo, en vez de regalarles una niñez bella y robusta, se la estaríamos robando[8]. Y, por supuesto, les estaríamos sustrayendo la posibilidad de llegar a ser verdaderos adultos, con capacidad para discernir y fuerza de voluntad para obrar.

---

[8] Michael Winterhoff, *op. cit.*, 2018, pp. 31-32.

7.
LA EMPATÍA COMO SOPORTE PARA EDUCAR. LAS NEURONAS ESPEJO

Las neuronas espejo te ponen en el lugar del otro.
Con ellas podemos entender a los demás
y nos vinculan desde el punto de vista mental y emocional,
nos hacen empáticos y nos permiten comprender
las intenciones y sentimientos de las emociones de los otros.

GIACOMMO RIZZOLATTI

¿POR QUÉ TENEMOS LOS MISMOS SENTIMIENTOS?

El niño es el reflejo de sus padres o de aquellas personas con las que tiene una relación personal más estrecha. En nuestro cerebro tenemos un sistema de neuronas espejo (*mirror neuron system*) que se activan por la percepción de las acciones que realiza otra persona. Es decir, aquello que se ve o se siente se traduce en una actuación o sensación sorprendentemente «semejante». Aquellas personas con las que trabajamos o con las que tenemos un trato más intenso dejan una huella en nosotros, algunas veces podemos decir, incluso, que se reflejan en nosotros. El niño se ve en sus padres, profesores, cuidadores u otros modelos que imita.

La pregunta clave respecto al desarrollo del potencial que presenta el niño o el adolescente es: ¿cuál es la relación humana que más le favorece para una mejor maduración de su personalidad? Los niños precisan vínculos personales que les sirvan de orientación; necesitan testimonios y modelos con empatía que les ayuden a actuar sin miedo y a afrontar las vicisitudes del día a día con señorío y garbo humano. Esas buenas relaciones son las vitaminas esenciales y necesarias para su maduración, como la alimentación adecuada o el dormir bien.

A través de las neuronas espejo, como reflejo de sus padres, los niños pueden llegar a saber no solo quiénes son sino también quiénes podrán llegar a ser y, sobre todo, qué tipo de potencial de desarrollo tienen. Es decir, de la relación existente entre los niños y sus modelos dependerá, en gran medida, aquello que serán en el futuro. Toda buena o mala educación discurre a través de las personas con las que hay una relación más estrecha. Son estos modelos los que provocan la chispa que encenderá la hoguera del entusiasmo en los niños, que les capacitará para transformar en realidad los sueños que se han forjado.

De lo dicho se deduce la importancia de contribuir a un buen desarrollo de las neuronas espejo durante los primeros años de la vida. Esto se puede apreciar en cosas tan sencillas como la risa o el bostezo. Me río porque te ríes, bostezo porque bostezas y, si alguien me cuenta cómo le han extraído la uña de un dedo, espontáneamente me produce una sensación terrible, como si participase de su dolor. La percepción del dolor o del asco ajeno activan en el cerebro las mismas zonas que se ven involucradas cuando somos nosotros los que experimentamos dolor o asco. En la vida cotidiana se presentan un sinfín de fenómenos de resonancia de este tipo. Los gestos, las palabras, los sonidos resuenan en mi interior y me sitúo espontáneamente en la piel del otro. Ocurre, aunque nos resulte chocante, que la madre abra espontáneamente su boca cuando da de comer a su bebé, o que tendamos al mismo estado de ánimo que la persona con la que estamos conversando.

Entrar en resonancia con alguien significa compartir el estado de ánimo de esa persona. Los efectos de la resonancia, tales como la transferencia de sentimientos o incluso de gestos, no solamente se crean durante el transcurso de conversaciones cotidianas entre diferentes personas. También pueden influir considerablemente en la política o la economía. Es más, desde el punto de vista profesional los efectos de la resonancia pueden ser decisivos para el éxito o el fracaso de una gestión. Y, no obstante, no faltan voces que rechazan el sentido y la poderosa influencia de estos fenómenos, afirmando que son «cuentos» inventados, carentes de fundamento científico, algo así como reminiscencias del esoterismo o evocaciones de brujería. Las dudas, recelos y sospechas ante estas manifestaciones de resonancia desaparecieron al descubrirse las neuronas espejo[1].

Durante mucho tiempo no se sabía por qué podemos sentir lo que sienten los demás, pero ahora sí lo sabemos. Las neuronas espejo nos permiten compartir emociones de personas que hablan y gesticulan, tanto si las vemos cara a cara como a través de internet o televisión. Es como si se produjese, entre diferentes personas, lo que los expertos en neurobiología denominan una *joint attention*, es decir, la capacidad de compartir con otra persona o con un grupo de personas una misma atención que se focaliza en el mismo acontecimiento o en el mismo objeto.

---

[1] Joachim Bauer, *Warum ich fühle, was du fühlst. Intuitive Kommunikation und das Geheimnis der Spiegelneurone*, München, 2014, pp. 7-14. Para elaborar este capítulo sobre las neuronas espejo me he apoyado de modo especial en los conocimientos que Joachim Bauer expone en este libro.

Pero, además, tanto la mímica como las miradas, gestos o conductas que observamos y registramos en otras personas nos permiten predecir lo que va a ocurrir a continuación. La armonía entre las personas no sería posible sin esta certeza intuitiva. En ciertas situaciones de peligro, esta capacidad intuitiva es incluso imprescindible para la supervivencia. Si careciésemos de esta intuición predictiva, nuestro campo visual se limitaría a la visión parcial de un topo. No podríamos pasear por una zona peatonal sin chocar frecuentemente con los demás ni deslizarnos por una pista de esquí sin caernos. Nuestro cerebro ha perfeccionado un sistema de identificación rápido para deducir de esos datos informes importantes para nuestra vida. Podemos identificar a una persona conocida a partir de las pocas señales que nos emite con ciertos gestos, sonidos o movimientos. Pero, además, nuestro cerebro puede registrar imágenes o señales sin ser consciente de ello. Es lo que se conoce con el nombre de «estimulación subliminal», un estímulo diseñado para pasar por debajo (sub) de los límites (*limen-inis* = umbral) normales de percepción. Esto no sería posible sin la existencia de las neuronas espejo.

No obstante, tanto la intuición como el intelecto, actuando conjuntamente, son necesarios para poder hablar de las características fundamentales de la identificación de una persona. Si únicamente hiciésemos uso de una de estas dos cualidades, nos equivocaríamos. El uso exclusivo de un análisis racional, sin tener en cuenta la dimensión empática de la persona, no nos permitiría comprender al otro en su dimensión más humana. La capacidad de construir relaciones basadas en la confianza se debe, en gran parte, al desarrollo de certezas sobre los sentimientos e intenciones de esas personas, y esto es precisamente lo que los expertos denominan la capacidad de la *Theory of Mind* (TOM).

Dicho de otro modo, la *Theory of Mind* consiste en la capacidad de detectar rápidamente en otra persona lo que verdaderamente le está ocurriendo, y es un sentimiento prerreflexivo.

Para poder convivir armónicamente tanto en la sociedad como en la familia necesitamos estar inmersos en un clima de comprensión mutua, y esto no solo a través de la comunicación verbal sino también por medio de la no verbal, mediante gestos, mímica y movimientos fácilmente reconocibles e identificables. Pero ¿qué ocurre si se deteriora esta capacidad de comunicación y de comprensión mutua? La exclusión de la comunidad social o del ámbito de resonancia común, así como sentir el rechazo de alguien en quien se había depositado una gran confianza, conllevarían unos efectos neurobiológicos negativos.

Al faltar las señales cotidianas de aprobación y de respeto mutuo que se transmiten a través de las reacciones de resonancia, y que se perciben por medio de miradas u otros gestos corporales de la comunicación no verbal, las personas podrían enfermar. Más aún, en caso de que se viesen marginadas mediante gestos de menosprecio y de vejación, incluyendo humillaciones tales como ignorarlas, la enfermedad podría llevar incluso a un desenlace mortal. El cuerpo registra este maltrato social, que repercute profundamente en la biología de la persona y en su salud corporal.

Las neuronas espejo hacen posible que se forme un ámbito de resonancia social entre el protagonista y el observador. Aquello que un individuo siente o hace, y que es observado por otra persona, conlleva que se produzca en el observador una activación de su sistema neuronal, pero, de tal modo, que siente la acción como si fuese realizada por él mismo a pesar de no haber sido más que un mero espectador. Así se comprende que se produzca un sentimiento espontáneo, no reflexionado, algo como un parentesco anímico: «Soy como los demás y los otros son como yo». La importancia de este sentimiento, del que podemos gozar gracias a las neuronas espejo, se nota especialmente cuando no sucede. Si cesan las señales de las resonancias especulares, los afectados acaban por cuestionar y dudar de su pertenencia e identidad y, como consecuencia de esto, caen en el vacío.

En conclusión, a aquellas neuronas de nuestro cerebro que además de dirigir una actuación o un sentimiento, activan esa misma acción o ese mismo sentimiento tan solo por observarlo en otra persona, se las conoce con el nombre de neuronas espejo (*mirror neurons*). La resonancia de estas neuronas se activa espontáneamente, sin necesidad de reflexionar sobre su actuación. Las neuronas espejo utilizan el equipamiento neurobiológico del observador para hacerle notar lo que está ocurriendo en otras personas a las que está observando. Constituyen, por tanto, la base neurobiológica para una comprensión espontánea e intuitiva, que está en condiciones no solamente de estimular la imaginación, el pensamiento y los sentimientos del espectador, sino también, bajo ciertas circunstancias, de transformar al cuerpo humano.

El niño se refleja en el mundo que le rodea

Disponer de neuronas espejo que puedan activarse y ejercer su función es imprescindible para llevar una vida lograda. Su ausencia nos impediría contactar con otras personas, careceríamos de la capacidad de actuar espontáneamente y no estaríamos en condiciones de comprender la inteligencia emocional. El equipamiento genético con el que venimos al mundo provee al bebé de una cantidad de neuronas espejo iniciales más que suficiente para que el individuo pueda interactuar adecuadamente con los demás. Por lo general, primero serán los padres, aunque pronto se unirán los hermanos, parientes, amigos, profesores... Sin embargo, para que se desarrollen adecuadamente las neuronas espejo, tenemos que recurrir una vez más al axioma fundamental de la neurobiología: «*Use it or lose it*», es decir, usa tus neuronas, o, en caso contrario, las perderás.

Pocos días después de nacer, el bebé tiende a imitar de modo espontáneo ciertas expresiones faciales de los padres. Si la mamá sonríe, el bebé hará lo mismo, si saca la lengua, él también la sacará y, de este modo, se van desarrollando los primeros vínculos entre ambos, sincronizándose como si jugaran. Algo así como lo que ocurre entre dos enamorados. Ambos se van conociendo más intensamente a través de palabras, gestos, sonidos, percepciones, emociones, sentimientos. Las personas más apropiadas para compartir y reflejar todos estos sentimientos al inicio de la vida son los padres naturales ya que por naturaleza, y, como consecuencia del nacimiento, su cuerpo produce en mayor cantidad de lo normal oxitocina, mediante la cual se intensifica el vínculo con el bebé.

Si bien llegamos a este mundo con una cantidad sobreabundante de genes, esto no garantiza, sin más, que los sistemas biológicos vayan a funcionar efectivamente tal como sería posible. Dicho de otro modo, no basta con disponer de los genes que podrían producir un superávit de neuronas espejo. Los sistemas neuronales del bebé se desarrollarán adecuadamente dependiendo no solo de los genes, sino de modo especial de las relaciones que el bebé tenga con sus padres y con otras personas. Numerosas observaciones científicas han demostrado que también los diferentes estilos de vida y las relaciones sociales tienen una influencia muy poderosa, tanto sobre la actividad genética como sobre las microestructuras de nuestro cerebro, y esto se nota de modo especial en los sistemas especulares. Es precisamente en este campo de la estimulación de las neuronas espejo, donde se puede observar la gran influencia que las relaciones humanas ejercen sobre nuestro cuerpo.

Gracias a las neuronas espejo el bebé tiene la posibilidad de crear un vínculo emocional con sus padres y desarrollar sentimientos tan importantes como saberse comprendido y querido. Las reacciones de asombro, de felicidad y de deslumbramiento que se producen en el bebé como consecuencia de diferentes estimulaciones llenas de ternura, pueden registrarse incluso en el electroencefalograma del niño. Las reacciones especulares surgidas gracias a la vinculación básica producen también la secreción de opiáceos corporales. De este modo podemos entender mejor por qué la gratificación y el cariño interpersonal no solo nos ayudan a soportar mejor el dolor, sino que además nos permiten entender por qué el buen desarrollo del ser humano depende, constitutivamente y de modo especial, de haber tenido de pequeño una buena vinculación con los progenitores.

Por tanto, las estimulaciones armónicas de las neuronas espejo durante los primeros años de vida son vitales para el buen desarrollo y bienestar espiritual y corporal del niño. En caso contrario, reaccionaría con actitudes de rechazo, congoja y miedo. Esto puede comprobarse cuando miramos a un bebé con cara de palo (lo que en inglés se denomina *still face procedure*[2]), sin mostrar afecto y

---

[2] *https://www.youtube.com/watch?v=apzXGEbZht0*

simpatía, incluso ante sus gestos afectivos. A la larga, este modo de actuar puede conducir a situaciones de estrés graves en los pequeños, al llamado «*mobbing* en la cuna», que tiene un lejano antecedente: el emperador del Sacro Imperio Romano y rey de Sicilia Federico II (1194-1250) mandó a algunas nodrizas educar a unos niños sin permitirles que hablasen con ellos, con el fin de saber qué idioma hablarían. Como resultado de este «experimento», que impidió una relación afectiva normal, los niños murieron.

¿CÓMO SE DESCUBRIERON LAS NEURONAS ESPEJO?

Fue en la Universidad de Parma, en Italia, donde un grupo de neurofisiólogos, dirigidos por Giacomo Rizzolatti, identificó por primera vez las neuronas espejo. Estaban trabajando con macacos (*macaca nemestrina*), muy dóciles a diferencia de sus parientes más famosos, los monos Rhesus.

El área de estudio de la que se ocupaba el equipo de Rizzolatti era una zona del cerebro conocida como F5, que abarca una parte llamada corteza premotora, cuyas neuronas son capaces de planificar, seleccionar y ejecutar movimientos. Muchas de estas neuronas del área F5 se especializan en codificar un comportamiento motor específico: los movimientos de la mano con su capacidad de asir, sostener, rasgar y, sobre todo, su función de acercar objetos tales como alimentos o utensilios a la boca. Pensemos en una taza de café y veremos que admite un número enorme de posibilidades de agarre. Sin embargo, en la práctica no utilizamos más que unas pocas. Por ejemplo, no la cogemos nunca por el asa con el dedo índice y el dedo medio. Esto se debe a un mecanismo de agarre iniciado en la infancia y basado en el éxito de la acción, con la consiguiente selección de neuronas de F5 que codifican los actos dotados de mayor eficacia. Cogemos, por tanto, el asa de la taza con un agarre de precisión.

El equipo de Giacomo Rizzolatti estudió de modo especial un tipo de neuronas de la zona F5 con funciones programáticas, a las que también podemos llamar inteligentes o creativas. Estas neuronas disponen de programas con los que pueden desempeñar acciones orientadas a un fin concreto, de manera que conocen el plan de una acción en su conjunto, tanto el desarrollo de esta como su resultado final. Por otro lado, existen otras neuronas cercanas que controlan los movimientos de los músculos, las ejecutoras, que tienen funciones ejecutivas. Estas se caracterizan no por su inteligencia, sino más bien por llevar a cabo lo que las neuronas inteligentes o creativas les están ordenando. Pero esto no quiere decir que ejecuten siempre todo lo que les ordenan las neuronas creativas. Esas órdenes pueden quedarse solo en el intento, sin llegar a consumarse. Aquello que codifican las neuronas inteligentes puede terminar siendo solo un pensamiento, aunque es cierto que esas acciones sobre las que se ha pensado repetidamente tienen mucha más posibilidad de ser realizadas.

Durante la década de los noventa, Rizzolatti y sus compañeros estudiaron las neuronas inteligentes en la zona F5 del cerebro de un mono, y comprobaron que, siempre que estiraba su brazo para alcanzar una nuez, se producía una descarga de ese tipo de neuronas. Hemos de añadir que una neurona de este tipo siempre está en conexión con otras, es decir, que pertenece a una red neuronal. Esto significa que el programa de actuación no solo está almacenado en esas neuronas aisladas sino en toda la red neuronal a la que pertenece. Rizzolatti había conseguido que un tipo de neurona inteligente se descargase únicamente en el caso de que el mono estirase el brazo para agarrar la nuez y llevársela a la boca, porque esa neurona estaba únicamente programada para hacer este movimiento. Pero, además, un grupo de investigadores del mismo equipo[3] pudo observar que el tipo de neurona que se descargaba cuando al mono se le mostraba la nuez con la luz encendida, también se descargaba al apagar la luz.

Sin embargo, faltaba por descubrir todavía lo más sorprendente. Efectivamente, lo más insólito del experimento consistía en percatarse de que esa neurona también se descargaba cuando el mono tan solo observaba cómo alguien estiraba la mano para coger la nuez que se hallaba sobre una bandeja. Esta observación era muy novedosa. Ni ellos ni ningún neurocientífico del mundo hubiesen podido imaginar que esas neuronas espejo se activaban tan solo con la percepción de las acciones que realiza otra persona, sin que mediase ningún movimiento.

El nuevo descubrimiento nos demuestra que existe algo así como una resonancia biológica. Esto quiere decir que la simple observación de una acción efectuada por otro individuo produce en el observador, en este caso en el mono, un programa neurobiológico propio, pero, y esto también es importante resaltarlo, llevado a cabo con un programa propio gracias al cual ha aprendido anteriormente a realizar esos movimientos de estirar la mano para coger la nuez. Y esto es precisamente lo que hacen las neuronas espejo, que se caracterizan por activar un programa

---

[3] Fue estudiado de modo especial por Maria Alessandra Umiltà y varios de sus colegas. Cfr. M. A. Umiltà, E. Kohler, V. Gallese, L. Fogassi, L. Fadiga, C. Keysers y G. Rizzolatti, «I know what you are doing. A neurophisiological study», en *Neuron*, 32, 2001, pp. 299-337.

en el propio cuerpo para coger y agarrar, por ejemplo, una nuez, aunque lo singular de las neuronas espejo es que también lo pueden activar simplemente observando cómo otro individuo está ejecutando ese programa.

Las neuronas espejo también pueden producir esa resonancia biológica al oír un sonido característico. En caso de que construyamos el experimento con el mono de tal forma que la nuez se envuelva en un tipo de papel que al abrirse produzca un determinado ruido, este sonido sería suficiente para que las neuronas inteligentes de la zona F5 del cerebro se descargasen.

El descubrimiento de las neuronas espejo en el mono sugirió enseguida que pudieran estar presentes también en el hombre. Gracias al diagnóstico cerebral por imágenes no invasivo, o estudio de imágenes cerebrales (*brain imaging*), muy especialmente a la tomografía por emisión de positrones (*Positron Emission Tomography* o PET), y a la resonancia magnética funcional para imágenes (*functional Magnetic Resonance Imaging* o fMRI), se pueden visualizar en tres dimensiones, con una notable definición espacial, las variaciones del flujo sanguíneo en las diversas regiones del cerebro debidas a la ejecución y observación de actos motores específicos, y medir así su respectivo grado de activación.

Estas nuevas posibilidades de diagnóstico nos permiten comprobar, en el ser humano, que la visión de actos realizados por otros determina en el observador una inmediata implicación de las zonas motoras dedicadas a la organización (programación) y ejecución de esos actos. Esa implicación permite descifrar el significado de los acontecimientos motores observados, es decir, nos permite comprender esas acciones que carecen de todo tipo de mediación reflexiva, conceptual o lingüística. En los seres humanos, basta con que oigamos cómo se habla de una acción determinada para que las neuronas espejo produzcan la descarga correspondiente.

Es obvio que el sistema de neuronas espejo del mono y del hombre ofrecen grandes diferencias, a pesar de sus numerosas similitudes. El sistema de las neuronas espejo en el hombre es más extenso que en el mono[4] y puede desempeñar una gama de funciones más amplia que la observada en el mono. No obstante, el sentido más profundo de estos descubrimientos es que no solo nos permiten entender mejor el funcionamiento de las neuronas espejo, su vinculación a la comprensión del significado de las acciones ajenas, también apunta a metas más prácticas, tales como lograr descubrimientos que permitan generar tratamientos nuevos para enfermedades debidas, sobre todo, al escaso desarrollo de las neuronas espejo.

LAS NEURONAS ESPEJO COMO SISTEMA DE ORIENTACIÓN SOCIAL

Las neuronas espejo representan un factor importante para podernos orientar debidamente en la sociedad en la que vivimos. Nos proporcionan protección y seguridad.

El bebé, en los primeros meses de su vida, no se da cuenta de ser un «yo», un individuo independiente. Es entre los diez y dieciocho meses cuando se reconoce como él mismo. Durante este margen de tiempo aparece la capacidad para registrar su propia identidad en medio de su entorno habitual. Sin embargo, para poder percibirse como tal, necesita vivir en un entorno en el que pueda experimentar relaciones humanas consistentes. Pero a partir de los dos años necesita, además, un lugar donde ensayar

---

[4] G. Rizzolatti y C. Sinigaglia, *Las neuronas espejo*, Barcelona, 2006, p. 124.

y ejercitarse, un espacio donde jugar, pues es precisamente jugando cuando encontrará un sinfín de posibilidades para aprender a actuar en sociedad. A partir de los dieciocho meses el niño podrá entrenar la imitación iniciada ya por él mismo. Aquellas personas que enseñan al niño a jugar son insustituibles ya que las neuronas espejo actúan de modo especial ante personas reales. Los niños necesitan para su buen desarrollo tutores de carne y hueso y no los virtuales que actúan a través de una pantalla de televisión o de internet.

A una edad muy temprana nos damos cuenta de que nuestras acciones son más que acontecimientos o movimientos, pues nos permiten percibir, además, cómo sentimos esa actuación. Sabemos distinguir si se trata de una acción dolorosa o placentera. Además de la dimensión motora hay que tener en cuenta el contexto afectivo o emocional en el que se desarrollan esas actuaciones. Aquellos niños que no hayan sido educados convenientemente por medio de diferentes juegos presentan un subdesarrollo en su lenguaje corporal que se caracteriza por ser más toscos, brutos, torpes o cohibidos[5].

Los seres humanos tendemos a sincronizar nuestros movimientos. Yo cruzo los brazos, tú cruzas los tuyos, yo te miro, tú me miras, tú desvías la mirada, tú me devuelves la mirada. Sucede también que cuanto más se gustan las personas, más parecen imitarse, lo cual también es lógico. Estamos todos en el mismo barco y las neuronas espejo nos ayudan a sacar el mayor provecho, las necesitamos. Nos permiten reconocer las acciones de otras personas, imitarlas, entender sus intenciones y sentimientos y, así, facilitar el comportamiento social.

---

[5] Joachim Bauer, *op. cit.*, 2014, p. 67.

Tal como afirma Marco Iacoboni[6], citando al filósofo fenomenológico Dan Zahavi: «El "yo" y el "otro" se iluminan recíprocamente y solo pueden entenderse en su interconexión». ¿Cómo podríamos llegar a pensar en el «yo», si no en términos del «otro» que el «yo» no es? Sin el «yo», casi no tiene sentido definir a «otro», y sin ese «otro», no tiene mucho sentido definir el «yo». Y es en esta interdependencia, donde las neuronas espejo juegan un papel primordial. Pero también es cierto que las descargas son mucho más fuertes con las acciones del «yo» que con las del «otro». De este modo, las neuronas espejo encarnan tanto la interdependencia del «yo» con el «otro» (al activarse con las acciones de ambos) como la interdependencia que al mismo tiempo sentimos y necesitamos, al activarse con más potencia con las acciones propias.

Podemos afirmar, por tanto, que el desarrollo del sentido del «yo», es decir, su autorreconocimiento, se verá más favorecido cuando actúe en un contexto social rico, aprendiendo para ello el mejor dominio de las relaciones sociales. Esto nos lleva a la conclusión de que las neuronas espejo son importantes para el desarrollo del «otro» pero también para el desarrollo del «yo», como las dos caras de una moneda. En caso de separarlos terminaríamos con un trozo de metal sin valor.

Desafortunadamente, en nuestra cultura occidental nos dejamos dominar con demasiada facilidad por tendencias egoístas y narcisistas que nos quieren hacer creer que podemos existir separados de los demás, provocando una dicotomía entre el «yo» y el «otro». Nos atrincheramos detrás de la idea de que cualquier sugerencia de

---

[6] Marco Iacoboni, *Las neuronas espejo. Empatía, neuropolítica, autismo, imitación o de cómo entendemos a los otros*, Capellades, 2012, pp. 131-154.

interdependencia entre el «yo» y el «otro» pudiese ser no solo contraria a nuestra intuición, sino difícil, hasta imposible de aceptar. Frente a esta postura errónea, los experimentos realizados con neuronas espejo demuestran, sin ambigüedades, que para un buen desarrollo humano se ha de tener en cuenta la intersubjetividad, y esto ya en los primeros instantes de la vida.

Los bebés poseen una temprana capacidad interactiva que se despliega y se desarrolla a través de las interacciones mamá-bebé y papá-bebé. De este modo las neuronas espejo se van activando y moldeando desde una etapa muy temprana y pronto aprenderán a prever las acciones que realizan los demás. Esta capacidad no está presente al nacer, ha de ser adquirida, y este es un ejemplo más de cómo el sistema de las neuronas espejo puede ser moldeado por la experiencia[7].

EL AMOR COMO RESONANCIA NEUROBIOLÓGICA ESPECIAL

El amor es la clave del logro de una vida humana. Todos necesitamos amar y ser queridos. «Nada hay que provoque tanto el amor —decían los antiguos— como saberse amado». Pero entendido el verbo amar en su dimensión total, no solamente de modo reductivo o parcial. Es uno de los grandes males actuales, ver las cosas importantes de la vida tan solo bajo un aspecto o dimensión. Ver, por ejemplo, la sexualidad tan solo desde el punto de vista biológico, exclusivamente como unión entre dos cuerpos humanos. Pero obviamente el amor humano es mucho más que eso. Por supuesto que esa unión carnal entre hombre y mujer

---

[7] Ibídem, p. 159.

es muy importante, pero el amor humano no se reduce a eso, ya que abarca mucho más. Así como una sonrisa es mucho más que el movimiento de ciertos músculos, ya que detrás de ella podemos detectar aspectos importantes de la personalidad. Se ha dicho, con razón, que «el rostro es el espejo del alma». La sonrisa no se puede reducir, por tanto, a pura anatomía.

Si entendemos el amor humano en su totalidad, entonces nos daremos cuenta de que es absolutamente necesario para la vida, porque el hombre es por naturaleza un ser relacional y esto quiere decir que alcanza su plenitud y, por tanto, su felicidad cuando sale de sí mismo y busca lo mejor para el otro. El gran psiquiatra francés de origen ruso, Eugen Minkowsky, en cierto momento de sus meditaciones fenomenológicas, exclamaba: «La vida está hecha para la entrega». Sin embargo, este don de sí que constituye un encontrarse al perderse, nos asusta porque todos amamos las seguridades palpables y tendemos a prevenir cualquier riesgo. Pero lo que precisamente hay que asumir es el riesgo, convirtiéndolo en un reto que nos anime a dejar de chapotear en la orilla, remar mar adentro y, de este modo, descubrir nuevos horizontes, nuevas tierras, que hasta el momento nos son desconocidas: «Quien no arriesga, no gana».

El amor correspondido desprende ilusión, alegría y entusiasmo. El amor nos da el sentido para todo nuestro obrar. Pero ¿qué ocurre cuando una persona no se sabe poner en la situación del otro, no consigue reconocer y descifrar las resonancias que le está enviando el otro? Sin lugar a duda esa persona lo tendrá muy difícil, no solo en lo que se refiera al amor sino en la vida social en general. No queremos afirmar que el buen funcionamiento de las neuronas espejo es la condición imprescindible para el amor, pero sí que nos permite tener unas sensaciones que están en la base de la felicidad y que, obviamente, nos facilitan experiencias humanas llenas de gozo.

Con las neuronas espejo los dos enamorados comienzan a introducirse como en un espacio de magia especial en el que reverberan las señales que emiten y que captan a través de gestos y miradas. De este modo ambos vibran, casi podríamos decir, al unísono, hacia un mismo foco de atención. Lo que caracteriza este modo de *joint attention* es que el foco de atención reside similarmente en los dos interesados. Ambos experimentan una resonancia que vibra entre el mirar y el ser mirado. El uno puede leer los pensamientos del otro, el uno siente lo que siente el otro. De este modo, el cerebro se está haciendo una imagen interna del otro y proyectando, a su vez, una imagen determinada. Pero ¿qué es aquello que percibimos en la persona querida? ¿Lo queremos a él mismo o tan solo a aquello que nos está indicando su resonancia? Obviamente, lo queremos con nuestra óptica bajo el influjo de las neuronas espejo, y de este modo la unión entre ambos es más estrecha.

No empezaríamos a querer a una persona sin que esta poseyera determinadas cualidades, de tipo físico, psíquico o espiritual, con las que se nos presenta. Pero sería del todo erróneo decir que la queremos a causa de esas cualidades, o que son estas las que realmente amamos. Quien ama realmente, o quien tiene un verdadero amigo, no puede en modo alguno dar respuesta a la pregunta de por qué ama a esa persona, o qué es lo que ama en ella. Ciertamente no amamos a alguien sin que tenga determinadas cualidades, pero amar a una persona no significa amar algo, sino a alguien en su propia identidad. Ese «alguien», esa vida determinada, única e irrepetible, se hace real para nosotros cuando amamos, y así se hace objeto de una aprobación incondicional a su ser.

Los esposos se dicen entre sí: «Soy tuyo», pero esto no lo dicen en sentido estricto. Ni siquiera los hijos pertenecen a los padres. Recordemos lo que dijimos en el capítulo 6 acerca del concepto de simbiosis, tomado de Michael Winterhoff, y que viene a significar la fusión entre la psique de los padres con la de sus hijos, estado que impediría el desarrollo normal de los niños.

Al amar me entrego al otro, y en ese mismo acto me opongo tajantemente a la propiedad, porque tampoco me entrego al otro para que sea propietario de mi ser. La donación que hago de mí mismo busca una relación enteramente distinta de la de ser poseído como algo impersonal. Y, sin embargo, sigo expresando con «soy tuyo» mi relación íntima con la otra persona. Hay una forma, más profunda que la impersonal, de poseer y de ser poseído, en la que la intención unitiva (*joint attention*) fluye orgánicamente de la esencia del amor, apoyada especialmente por las neuronas espejo que me ayudan a comprender y a interesarme por los intereses del amado. Por su valor y su especial afinidad conmigo, el amado ingresa en mi vida individual. En tal sentido lo poseo.

«Cosificación» de la persona

Lo que el amor verdadero exige es que no se llegue a la cosificación del otro, porque el amor «cosificante» se curva sobre sí mismo, busca al otro y a sus cosas por el propio interés egoísta, y solo por eso. El amor que cosifica se mueve de modo egoísta, atraído únicamente por los bienes que puede recibir, y por eso no cesa de reclamar la

111

posesión. Por el contrario, si el amor es verdadero, será un amor de donación puramente gratuita, amando a la persona por sí misma y por encima de las cosas que le rodean. Y aunque busque «tener» al otro, no pone en ello una intención de uso. Quiere tenerlo presente y convivir con él, para amarlo más y no solo para recibir placer, comprensión o estímulo. Desde la perspectiva del amor verdadero, la contraposición entre querer y deber queda superada, haciendo posible una felicidad que llega a ser completa y que resulta, en sí misma, indescriptible. Así nos daremos cuenta de que vale la pena vivir la vida para amar[8].

Pero ¿por qué se termina el amor? ¿Por qué son tan complicadas las relaciones? ¿Por qué provocan tanto dolor y sufrimiento? Muchas personas dicen que dejan de amar a sus parejas porque ya no tienen sentimientos de amor hacia ellas. Para contestar debidamente a estas preguntas necesitaríamos profundizar en algunas de ellas hasta llegar a la raíz del problema para, desde allí, efectuar una sanación radical. Se trata de adquirir una disposición interior que nos permita crecer, superándonos en nuestras posibilidades gracias a la capacidad de desarrollo del potencial no usado, y del que cada uno de nosotros es portador sin saberlo. Al mismo tiempo, conviene aprender el arte de «pinchar los globos» que podemos haber inflado en nuestra mente. Liberarnos de esas «imágenes interiores» o «representaciones mentales» que tan fácilmente se forjan en nuestra cabeza y que con frecuencia son la causa de muchos desvaríos por haberse convertido en «cadenas pesadas»[9].

---

[8] Robert Spaemann, *Ética, política y cristianismo*, Madrid, 2007, p. 163.
[9] Alfred Sonnenfeld, *Serenidad. La sabiduría de gobernarse*, Rialp, Madrid, 2018, pp. 31-43.

El amor verdadero es capaz de superar en numerosas ocasiones las crisis matrimoniales que, sin lugar a dudas, aparecerán durante la vida. El amor entregado y desinteresado sabe tomar el timón del barco en momentos de gran zozobra, impidiendo que se hunda. Pero para eso ha de saber integrar, como algo normal, momentos de padecimiento y sufrimiento, que sin duda aparecerán porque nadie puede decir que no tenga límites o fragilidades. Nuestras debilidades y las del otro nos ayudan a ir desechando utopías en las que, con frecuencia, nos encerramos reactivamente como víctimas. Ni que decir tiene que efectivamente existen situaciones irremediables, porque uno de los dos se niega rotundamente a poner los medios necesarios.

Las parejas cuyo amor ha terminado llaman la atención por la falta de actividad de sus neuronas espejo. Una característica central es la falta de la atención unitiva (*joint attention*). El interés de uno de ellos se proyectó y se endureció hacia un foco que dejaba totalmente marginada a la pareja. Esta ha desaparecido de su marco de percepción, por lo que el contacto emocional ya no existe. En estos casos también se puede observar con frecuencia una falta de contacto visual. Ambos ya no se miran y el lenguaje corporal se ha interrumpido. Una vez más nos quedamos pasmados ante la fragilidad humana que nos hace ver la diferencia entre el enamoramiento afectivo y el amor libre de la entrega. Es la diferencia entre las fuerzas naturales, no solo de las neuronas espejo, y la fuerza de la libertad. El enamoramiento es algo que sale solo, me encuentro enamorado. El amor de entrega es algo que hago porque me da la gana pero que he de apoyar con mis elecciones libres, con mis actos volitivos que me transforman y me hacen pertenecer al otro. «Amor y esfuerzo son inseparables», decía el destacado psicoanalista Erich Fromm en su libro *El arte de amar*. Uno ama aquello por lo que se esfuerza, y se esfuerza por aquello que ama.

LA COMUNICACIÓN CARA A CARA Y SUS VENTAJAS

Defender el amor tiene mucho que ver con defender la conversación cara a cara, lo cual equivale a defender las relaciones empáticas. La psicóloga norteamericana Sherry Turkle escribió hace unos años, *En defensa de la conversación* con el subtítulo, *El poder de la conversación en la era digital*[10]. En este libro analiza las desastrosas consecuencias de la pérdida de la conversación cara a cara por priorizar las interacciones sociales virtuales dentro de los ámbitos del trabajo, de la familia, de la amistad, de la educación y de las relaciones sentimentales, sin advertir el peligro que esto comporta. Casi sin darnos cuenta, hemos abandonado la conversación cara a cara.

Los alumnos se sientan en el comedor y se ponen a mirar el móvil. Hoy en día, vemos que cuando la gente está sola esperando el autobús o en la cola de la caja de un supermercado, parece que les entra el pánico y sacan inmediatamente sus móviles. Por miedo a estar solos, nos cuesta prestar atención a nosotros mismos. Y por ello, nuestra habilidad para prestar atención a los demás está deteriorada. Si no estamos en armonía con nosotros mismos, no podremos encontrar nuestra brújula interior y no confiaremos en lo que podemos ofrecer a los demás.

Se ha podido comprobar que el uso predominante de las redes sociales en detrimento del contacto personal,

---

[10] Sherry Turkle, *En defensa de la conversación. El poder de la conversación en la era digital*, Barcelona, 2017.

que limita la interacción física directa con otras personas y sitúa al propio yo en el centro de su actividad, tiende a favorecer al hedonista y al narcisista.

Cada vez con mayor frecuencia nos llegan noticias de atracos, atropellos y accidentes violentos con heridos graves a los que nadie ayuda, pero que no se sabe cómo, son fotografiados ávidamente. Un indicio claro de que la empatía disminuye. Al mismo tiempo aumentan las personas con estructuras narcisistas de su personalidad[11], con tendencias patológicas a dar culto al yo.

Uno de los becerros de oro actuales alrededor del cual mucha gente baila obsesivamente, es el culto a la propia imagen. El porte exterior, la fachada, las apariencias parecen ser lo importante. La adaptación de la propia imagen a las expectativas del grupo o sistema al que pertenezca una persona es lo determinante para su comportamiento. Todo parece estar planeado. En caso de encontrarse de viaje con colegas por motivos de trabajo, al cenar o al comer tendrá muy en cuenta qué tipo de bebida va a pedir. Si todos toman vino, también él tomará vino, incluso si le apetece una cerveza fría, aunque si lo que quiere es ascender en la empresa, quizá demuestre su ambición distanciándose de sus compañeros y pidiendo otro tipo de bebida.

Jeff Bezos, el fundador de Amazon, definió en una ocasión esta situación con una acertada frase: «Tu marca es lo que la gente dice de ti cuando te has ausentado de

---

[11] Jean M Twenge y W.Keith. Campbell, *The Narcissism Epidemic: Living in the Age of Entitlement*, New York, 2009.

la habitación». Desgraciadamente podemos constatar que en muchas empresas quien mejor «actúa» logra el puesto más alto.

Sin embargo, este culto al becerro de oro suele conllevar tarde o temprano consecuencias nefastas. La gente narcisista realmente no se quiere a sí misma sino a su imagen. Su pensamiento tan solo gira en torno a la imagen que se ha hecho de sí mismo. Puede ser enormemente tierno, cariñoso y atractivo para conseguir resaltar sobre los demás, pero todas estas habilidades son solo herramientas para lograr su propósito. Y es de aquellos que se desvive por los comentarios o «Me gusta» de las redes sociales.

El narciso en realidad no se quiere a sí mismo, su exceso de amor propio es la forma de esconder todo lo negativo que hay en él y por eso necesita tanto sentirse adulado y admirado.

Es incapaz de cumplir sus obligaciones porque está sumamente ocupado consigo mismo y le resulta imposible tomar decisiones incómodas que vayan en detrimento de su imagen. Al narciso le falta la valentía para enfrentarse a situaciones difíciles.

LA MUERTE SOCIAL

Sabemos que el rechazo de la sociedad tiene graves consecuencias neurobiológicas. Puede producir enfermedades e incluso la muerte. La discriminación de una persona impide la activación de las conductas relacionadas con la actuación de las neuronas espejo en la vida cotidiana. Esto supone que a la persona rechazada se le niegan las señales del lenguaje corporal, incluyendo numerosas reacciones de resonancia con sus diferentes formas de comprensión a través de las miradas. El afectado se siente aislado en su torre de marfil, apartado y separado del mundo. Pero peor todavía, se le niega todo tipo de atención y sus comentarios, sus opiniones, no se tienen en cuenta, de forma que el afectado se cuestiona su pertenencia y su identidad. Este aislamiento social constituye para él un desastre psicológico que repercute intensamente sobre su cuerpo.

Jaak Panksepp[12] y Thomas R. Insel[13] han podido demostrar que la atención y el cuidado social son vitales para el individuo, ya que permiten la secreción de las ya citadas sustancias mensajeras neuroplásticas esenciales para la salud del cuerpo humano. Este hecho nos permite afirmar que vivir en el espacio de la resonancia de la mutua comprensión y el entendimiento representa una necesidad biológica esencial y que, sin ello, no podríamos vivir.

Hemos visto cómo el recién nacido se irrita y llora al negarle sonrisas o muestras de ternura, al mirarle con gesto duro, inmóvil, sin expresar ningún afecto. Ya en los años cuarenta del siglo pasado el gran pediatra americano de origen austríaco, René Spitz, especialista en el desarrollo infantil, acuñó la expresión «depresión anaclítica» para referirse a los niños con carencia de afectividad parcial, la cual podía desembocar en la hospitalización con daños psicosomáticos irreparables por haber estado sometidos a una mayor prolongación —más de cinco meses— de carencia afectiva.

Uno de los ejemplos más desconcertantes e inquietantes de exclusión del espacio de resonancia social lo constituye la «muerte vudú» (*voodoo death*). Fue Walter Cannon, de la

---

[12] Jaak Panksepp, «Feeling the pain of social loss», *Science*, 302, 2003, pp. 237-239.

[13] Thomas R. Insel, «Is social attachment an addictive disorder?», *Physiology and Bahaviour*, 79, 2003, pp. 351-357.

Universidad de Harvard, quien en el año 1942 utilizó por vez primera este término para indicar la muerte de personas que son excluidas de la comunidad social. En caso de que alguien de la tribu traspasase un tabú religioso se le excluía inmediatamente y por completo de su hábitat normal, lo cual llevaba efectivamente a una muerte que es caracterizada por los psiquiatras como psicógena, debida al impacto emocional que desencadena procesos orgánicos de tal magnitud que irremisiblemente conducen a la muerte. En ella predominan los factores psicológicos y culturales, propios de una de las religiones más desconocida e inquietante, el vudú. Según Cannon la clave está en el miedo y en los procesos fisiológicos que esta emoción provoca en el organismo. Las señales de alarma se activan desmesuradamente, sobre todo las de los sistemas nerviosos simpático y parasimpático con su correspondiente descontrol del azúcar, las hormonas del estrés y la circulación sanguínea[14].

Recordemos que las neuronas espejo nos proporcionan protección, seguridad y estabilidad, ya que nos permiten predecir de antemano cómo van a reaccionar los demás. Pero ¿qué ocurre cuando desaparece esta capacidad del ser humano? El sistema de orientación deja de funcionar y como consecuencia se provoca una situación de peligro contra la que reacciona el cuerpo humano, activando para ello diferentes mecanismos de defensa que conocemos con el nombre de reacciones de estrés. La exclusión social sistemática conlleva una situación de estrés crónico y esto,

---

[14] Ilan S. Wittstein, David R. Thiemann, Joao A.C. Lima, Kenneth L. Baughman, Steven P. Schulman, Gary Gerstenblith, Katherine C. Wu, Jeffrey J. Rade, Trinity J. Bivalacqua, Ph.D. y Hunter C. Champion, «Neurohumoral Features of Myocardial Stunning Due to Sudden Emotional Stress», *The New Engalnd Journal of Medicine*, 352, 2005, pp. 539-548.

qué duda cabe, ha de ser visto como una enfermedad que conduce a la autodestrucción. La naturaleza ofrece muchos programas de autodestrucción que se pueden activar bajo ciertas condiciones, se trata de un fenómeno muy corriente. Incluso algunas células disponen de la posibilidad de poner en marcha ciertos genes para inducir la propia destrucción, lo cual se conoce con el nombre de apoptosis. Este término significa caída o desplome y está formado por el prefijo apó-, de, a partir de, y la palabra *ptosis*, caída. Se trata de un vocablo procedente del griego que desde 1972 se utiliza para designar la muerte celular programada por los organismos vivos, es decir, el proceso natural por el que nuestras células mueren y van siendo sustituidas por otras.

Algo análogo podemos observar en las neuronas del cerebro humano. Concentraciones elevadas de sustancias mensajeras alarmantes, tales como el glutamato o el cortisol, pueden llevar a la muerte de las neuronas.

CIBERBULLYING O ACOSO ONLINE

Otra dimensión inquietante de la psicología humana se da en aquellas personas con tendencia a la autodestrucción, incluso al suicidio, por no haber sido aceptadas en la sociedad o por haber sido estigmatizadas por ella.

En la aldea digital en la que nos movemos y vivimos, fácilmente nos podemos convertir en víctimas por meteduras de pata más o menos inconscientes. El 19 de marzo de 2015, Mónica Lewinsky decía en una *TED talks*[15] con

---

[15] *TED* es una organización sin fines de lucro dedicada a difundir ideas a través de conferencias cortas. Las siglas *TED* significan «Tecnología, Entretenimiento y Diseño», tres áreas que, en conjunto, moldean nuestro mundo. En su formato *TED talks* la organización difunde una serie de

el título, «El precio de la vergüenza»: «Están ante una mujer silenciada públicamente durante una década». Se valía de aquel romance con el presidente de Estados Unidos, Bill Clinton, y sus secuelas mediáticas, para hablar sobre la «cultura de la humillación» presente en el mundo digital, sus consecuencias en el mundo real y el negocio detrás de esta. «A mayor vergüenza, más *clics*. A más *clics*, más dólares de publicidad». «¿Quién no ha cometido un error a los veintidós años?». La diferencia es que su error la situó en el ojo del huracán, «político, legal y mediático sin precedentes». Aunque en 1998 no existían las redes sociales tal como las conocemos hoy día, las imágenes en vídeo de Lewinsky —con una boina negra— abrazando a Clinton en público como si fuera una admiradora más, se volvieron «virales» en la red. «De persona privada me convertí en una figura públicamente humillada por todo el mundo. Había multitudes virtuales listas para lapidarme», expresó en la conferencia. «Me tildaron de zorra, puta, ramera, tonta. Perdí mi reputación y mi dignidad y casi pierdo mi vida. Hace dieciocho años no había una definición de esto, pero hoy lo llamamos *ciberbullying* o acoso *online*», afirmó.

En los tiempos de las redes sociales, una torpeza *online* puede convertir a cualquiera en un paria. Difundir un chiste insultante o una foto desafortunada les ha costado a algunos el trabajo, la salud y hasta la vida. Y en internet no hay caducidad ni perdón. A veces la reputación que conseguimos construir en varias décadas se arruina

---

conferencias en las que personas de todo el mundo hablan de su vida durante un máximo de dieciocho minutos y transmiten reflexiones útiles para todos. El objetivo de estas charlas es difundir ideas de cualquier disciplina y explorar cómo todas ellas se conectan.

Ver: *http://www.ted.com/talks/monica_lewinsky_the_price_of_shame?language=es*

en varios minutos. En realidad, la causa del descalabro es con frecuencia una falta de empatía, por no haber sabido calibrar bien la situación del momento y por haberse dejado llevar por un estado de ánimo instantáneo, sin ningún tipo de reflexión.

Alicia Ann Lynch, de veintidós años, publicó a finales de 2013, con motivo de la fiesta de Halloween, en Twitter e Instagram una foto tomada en la oficina en la que trabajaba con su disfraz de Halloween[16]. Camiseta de deporte, falda corta y un dorsal. Una sonriente corredora con la cara, las piernas y los brazos embadurnados de sangre falsa. Etiquetó la foto con los *hashtags* (almohadillas) #boston y #marathon para que no hubiese dudas sobre su atuendo. Víctima del atentado en el maratón de Boston. Y se echó unas risas con sus compañeros, pero las risas duraron poco. Una víctima del atentado le respondió: «Deberías avergonzarte, mi madre perdió las dos piernas y yo casi muero». Cuando Alicia pidió perdón horas después, ya era demasiado tarde. Su desafortunado *tuit* se había convertido en viral y había sido retuiteado miles de veces, lo que la convirtió en la persona más odiada de Estados Unidos. Fue despedida de modo fulminante.

Pero el asunto no quedó ahí. Los indignados internautas se ensañaron burlándose de otras fotos suyas. También averiguaron su domicilio y su teléfono. Alicia y sus padres recibieron insultos y amenazas de muerte. De nada sirvió cerrar todas sus cuentas, su información privada ya circulaba libremente. Esto ocurrió a finales de 2013 pero hoy al teclear Google aparecen más de un millón de páginas relacionadas con aquel incidente. Por un lapsus corto, un ligero «apagón», un *blackout* (irse el santo al cielo, un quedarse

---

[16] *http://tinyurl.com/qgqatv7*

121

en blanco) del buen funcionamiento de las neuronas espejo, por no percibir la situación en todo su contexto, echó por tierra su reputación digital de modo indefinido. Colgó una foto estúpida e indignante sin pensárselo. No podía imaginarse que estaba arruinando su vida.

Qué duda cabe de que este rechazo o linchamiento digital tiene grandes repercusiones para las neuronas espejo. Se trata de experiencias traumáticas que conducen al deterioro de la propia personalidad y, sobre todo, a la aniquilación de la autoestima. Varios estudios indican un drástico incremento de la estrecha relación entre el *ciberbullying* y el suicidio. El experto en la materia, Joachim Bauer[17], piensa que esto se debe a que aquellas experiencias negativas que ha tenido la persona ultrajada activan en ella un programa de actuación que implica que lo que la mala experiencia no ha podido llevar a cabo, lo quiere finalizar la víctima humillada, destruyéndose por completo a sí misma.

Cuando una persona se siente humillada, se activa con frecuencia un programa que contiene el mensaje: «Tú no vales nada, te puedo tratar como a una cosa sin valor, en realidad se podría y se debería destruirte». Esto no deja de ser sorprendente e incomprensible para una persona que no está versada en la materia. En la víctima no se activa de modo necesario el sentimiento de venganza. Por eso es de vital importancia que estas personas sean atendidas por un buen médico, capaz de descubrir esas tendencias al suicidio como reacción a un deterioro de la autoestima.

Podemos concluir que el buen médico ha de saber detectar las resonancias que se producen en el encuentro con el paciente, ya que de esto va a depender en gran

---

[17] Joachim Bauer, *op. cit.*, 2013, p. 114.

medida el buen o mal resultado del tratamiento. Con el aumento de opciones terapéuticas únicamente técnicas, el médico ha dejado de utilizar la palabra (comunicación verbal), sus gestos corporales (comunicación no verbal) y su humanidad (empatía) en la relación con el enfermo, disminuyendo así su capacidad para sanar o aliviar.

Efectivamente, muchas veces se establece una excesiva distancia emocional con el paciente, centrándose casi exclusivamente en los resultados proporcionados por las pruebas técnicas. Sin embargo, el buen médico es capaz de entrar en el ámbito de resonancia del paciente; consigue crear un clima de confianza, sabe tomarse al enfermo en serio, pero, sobre todo, sabe escuchar e interpretar las palabras del paciente tan correctamente o más que los sonidos del estetoscopio, por muy importantes que estos sean.

8.
LA COMUNICACIÓN REPERCUTE
EN EL CUERPO

No puedo dejar de recalcar una y otra vez que es muy difícil,
y a menudo confuso, tratar de asignar una función específica
a una región concreta del cerebro. Al contrario, cualquier
función se divide entre muchas regiones cerebrales:
en la visión, por ejemplo, hay al menos treinta
regiones implicadas.

SUSAN GREENFIELD

EDUCAR EL CARÁCTER: NO SOMOS AUTÓMATAS

A lo largo del libro hemos visto cómo la motivación y el empeño por tratar de conseguir una meta no surgen en el niño de modo espontáneo. Tanto los niños como los adolescentes —y también los adultos— distan mucho de ser autómatas biológicos cuyo desarrollo dependa casi exclusivamente de sus genes. Esta idea justificaría fácilmente que el niño, por el mero hecho de estar genéticamente «bien dotado», pudiese adquirir a muy temprana edad y sin mayores esfuerzos avanzadas competencias cognitivas y emocionales.

Sin embargo, como venimos insistiendo, la actividad de los genes está supeditada de manera especial tanto al entorno como al conjunto de condiciones biográficas que rodean al niño. En función de las señales o estímulos que reciben los genes de las neuronas de una persona, esta

125

reaccionará de una forma o de otra. Por tanto, no solo la genética, sino también en un alto grado el entorno y todas las señales del mundo exterior influyen sobremanera en las decisiones que va adoptando el niño.

Ciertamente, cada persona tiene un conjunto de cualidades psíquicas y afectivas, heredadas o adquiridas, que influyen en su conducta inclinándola a actuar de una manera concreta y definiendo su modo de ser particular, que la distingue de los demás. Esto es lo que suele llamarse en el lenguaje ordinario carácter, que deriva de la expresión griega *caracter,* y que designa la marca (el sello) indeleble que se aplica a una cosa —una vasija, una moneda— para diferenciarla.

De este modo, se dice que las personas tienen un carácter activo, enérgico, emotivo, dulce, fogoso, apasionado, fuerte, débil. Son cualidades que, muchas veces, se atribuyen a la pertenencia a una determinada familia, al medio físico o social —lugar de nacimiento, educación—, a poseer una particular experiencia, a factores biológicos, genéticos, etc. Todo esto constituye cierta marca peculiar, como un signo distintivo, equivalente al *branding,* un anglicismo empleado en mercadotecnia para identificar a una empresa pero que también caracteriza al ser humano por estar tan profundamente impreso, y del que corrientemente se piensa que acompaña toda la vida del hombre y que es inamovible. Con mucha frecuencia los psicólogos se han preguntado si, efectivamente, se podría hablar de una formación entendida como educación del carácter. Todos tenemos experiencia de haber conocido a diferentes personas que, en su niñez o juventud, eran tímidas o incluso miedosas, pero que, gracias a una educación integral y a la adquisición de buenos hábitos, han ido madurando favorablemente hasta convertirse en personas muy equilibradas, responsables y emprendedoras.

Todos tenemos predisposiciones e inconvenientes que pueden ser obstáculos para el desarrollo de nuestro carácter. Algunos eligen superarlos, otros no. Las personas con buen carácter no ven tanto los obstáculos, sino más bien las posibilidades y retos que estos albergan. La libertad es capaz de modelar el carácter que, en última instancia, es fruto de las elecciones de la voluntad, que generan los hábitos buenos o malos. A la larga, lo que somos, la persona que hemos llegado a ser es, en gran medida, resultado de nuestras elecciones pasadas y presentes.

La fuerza de voluntad —que podríamos describir como una transferencia que ejecuta lo que hemos decidido— es muy importante a la hora de mejorar el carácter, pues nos permite tener señorío sobre nosotros mismos, sabiendo encajar también las derrotas. Por muy bien dotado que esté un niño por naturaleza, si le falta la voluntad, la inteligencia acabará por perderse al estar el niño indefenso ante el futuro.

¿Cómo puedo llegar a ser prudente, justo, paciente? ¿Cómo puedo llegar a ser decente y equilibrado? La contestación viene dada por las elecciones que hace nuestro «yo». Es decir, para dar un salto de calidad en mi modo de ser, para dejar de ser un líder mediocre y convertirme en uno bueno, he de «querer» de verdad, y esto se puede aprender, aunque haya personas que no quieren, no porque sean incapaces sino porque tienen la voluntad paralizada. El querer no puede ser un «quisiera querer» —triste subjuntivo de los débiles y apáticos—. Ha de ser un querer decidido, que surge de lo más profundo del propio ser. El hombre no es solo cerebro, tampoco es solo un ser que piensa. Por eso, no basta pensar las cosas y sumergirse en un «desearía» hacerlas; para hacerlas realmente, hay que poder y querer hacerlas.

Si fuéramos solo mentes bastaría pensar una cosa y tomar una decisión para hacerla. Pero la experiencia diaria enseña que no somos así. Hay muchas cosas que nos gustaría hacer y decidimos hacer, pero no hacemos. Algo se interpone entre la decisión de nuestra mente y la ejecución. La experiencia enseña también que la fuerza de voluntad varía de unas personas a otras y tiene mucho que ver con las costumbres o hábitos que cada uno tiene. Se puede ilustrar con el ejemplo del despertador por la mañana: para levantarse puntualmente al oír el sonido del despertador, no basta haber decidido levantarse, además hace falta tener la costumbre de levantarse. El mero querer no es bastante, ordinariamente. Es verdad que, si hay motivos excepcionales, cualquier persona se levanta puntual, aunque no tenga esa costumbre. Pero ordinariamente, quien no tenga ese hábito, se dormirá muchas veces, aunque se haya propuesto lo contrario.

La psicología se convierte en biología

Si los padres y otras personas encargadas del buen desarrollo y de la buena educación del niño se interesan de verdad por ellos, se genera una respuesta más fácil al porqué de su actuar, y también un sentido profundo por el que vale la pena esforzarse. Constituye una ayuda valiosa lograr que padres e hijos piensen sobre cómo son, sobre cómo les gustaría ser y sobre cómo deberían ser. También son muy recomendables esas conversaciones en las que los padres se dirigen a sus hijos de modo natural y con voz suave, dejando a un lado todo tipo de paternalismo. Por el contrario, si no se les presta atención, no solo no se motivan convenientemente, sino que les faltará incluso aquello que es elemental para su sano desarrollo.

Ya hemos señalado cómo los estudios de la neurobiología nos han demostrado[1] que el buen funcionamiento de las redes neuronales del sistema motivacional viene dado por el interés, el reconocimiento social y la estima personal que se les muestra a los niños. El cerebro percibe las sensaciones anímicas que le llegan del mundo exterior y las transforma en hechos biológicos. La psicología, también podríamos decir la comunicación, se convierte en biología o, dicho de otro modo, la comunicación repercute en el cuerpo. Las discriminaciones y marginaciones bloquean los genes en la región del sistema motivacional. Por el contrario, el reconocimiento y la estima producen una activación de estos sistemas. Esto no quiere decir que haya que mimar a los niños. Precisamente por el hecho de que buscan el reconocimiento hay que explicarles, con paciencia, aquello que se espera de ellos.

Pero ¿qué ocurre cuando no se activan los sistemas motivacionales al no interesarse los padres y los profesores de verdad por el niño? Que este buscará sucedáneos que engañan al sistema motivacional. Es lo que ocurre con aquellos niños que «viven» en el mundo virtual de los videojuegos, donde son los protagonistas. De inmediato generan hormonas de la felicidad, que a corto plazo producen una adicción que fácilmente desorienta y engaña al niño. Compensaciones de este tipo pueden destruir la vida de un niño y, por supuesto, también la de un adolescente y un adulto. Lo que ocurre es que cuanto más se consume, más se necesita, buscándose una dosis cada

---

[1] Joachim Bauer, *Lob der Schule. Sieben Perspektiven für Schüler, Lehrer und Eltern*, München, 2013, pp. 18-25.

vez más elevada de compensaciones, deslizándose incluso por senderos más peligrosos, como podría ser la adicción a las drogas o a la pornografía. Toda adicción se sirve de los sistemas motivacionales del cerebro, pero desviando la verdadera motivación que se va dejando arrastrar por caminos errados[2].

Según los padres —también los profesores— perciban a sus hijos, estos podrán descubrir quiénes son y sus posibilidades de desarrollo. En este sentido, tienen un papel muy importante los ejemplos de personas con una vida coherente digna de imitar, que se conviertan en referentes para los niños. Estos modelos activarán las neuronas espejo transmitiendo curiosidad, pasión y entusiasmo.

«INCONFORMISTA INTERESADO» MEJOR QUE MERO «CUMPLIDOR»

Es bien sabido que la enseñanza escolar requiere la cooperación de varias disciplinas. Nos apoyamos en los conocimientos que nos proporciona la Psicología del Desarrollo para averiguar aquello que los niños pueden entender y realizar. El colegio o el instituto necesitan también el apoyo de expertos en Didáctica, personas que dominan el arte de presentar los contenidos de las diferentes materias para hacerlos más asequibles a los sentidos y más fáciles de entender. Sabiendo que un sistema educativo vale lo que valen sus profesores, se necesita que estos sean capaces de llevar con simpatía, elegancia y buen humor cualquier

---

[2] Véase para ello, Alfred Sonnenfeld, *Destino: corazón enamorado*, Madrid, 2016. En este ensayo realizo un análisis neurobiológico y humano de las consecuencias que tiene el consumo de pornografía en la persona y en las relaciones de esta con su prójimo.

situación que pueda surgir en las clases, por muy frustrante que parezca, incluso en lugares con un índice alto de desmotivación. Y naturalmente necesitamos también estar en condiciones de poder comprobar el buen rendimiento del centro de enseñanza, tomando para ello referencias que sirvan como orientación básica, y poder registrar los datos que nos capacitan para la evaluación de los esfuerzos efectuados por los alumnos.

Pero todo esto, y otras muchas cosas de las que disponemos desde hace varios años, no es suficiente para garantizar el buen funcionamiento del sistema educativo. Para comprobarlo basta con echar una mirada al alto porcentaje de alumnos que abandonan la escuela prematuramente. Es bien sabido que muchos alumnos con malas notas, con faltas de atención en clase e incluso con adiciones notables, están, no obstante, en condiciones de superar los Test de Pisa[3] sin mayores esfuerzos. Sin embargo, esto no quiere decir que estén capacitados para abordar adecuadamente las tareas profesionales que les presentará la vida en un futuro cercano. Muchos adolescentes no han aprendido en la escuela aquello que de verdad les va a ayudar a superar los retos de la vida. En no pocos casos, al abandonar las aulas les falta incluso un mínimo grado de

---

[3] El Programa para la Evaluación Internacional de Alumnos (PISA, por sus siglas en inglés, Programme for International Student Assessment) de la OCDE (Organización para la Cooperación y Desarrollo Económico) es un test internacional que evalúa los conocimientos y las competencias en lectura, matemáticas y ciencias naturales, además de la actitud y la disposición de los estudiantes hacia el aprendizaje. También recoge información sobre los contextos personales, familiares y escolares, con el fin de identificar aquellos factores que explican los resultados de las pruebas. Desde el año 2000, las pruebas PISA se llevan a cabo cada tres años. Su periodicidad permite conocer la evolución de los resultados de los alumnos en el tiempo.

autoestima y de motivación para afrontar las dificultades normales de la vida, y muchas veces carecen de conocimientos básicos, indispensables para vivir con competencia social y emocional.

Los numerosos informes sobre el nivel de las escuelas tanto nacionales como internacionales no van a contribuir, por sí solos, a mejorar la situación deplorable de la enseñanza en un número demasiado elevado de centros. Tampoco se va a mejorar el nivel de enseñanza y de aprendizaje solo por averiguar exactamente qué tipo de materia y a qué edad se ha de transmitir un determinado contenido de una asignatura. El fracaso, tanto de la enseñanza como del aprendizaje, se puede predecir de antemano por la ausencia de un esfuerzo que trate de conseguir un clima de respeto, de cordialidad y de confianza. Muchas veces falta lo que sencillamente se podría denominar el «buen espíritu» o el «buen clima» en un centro educativo. Las causas de ello son muy variadas, pero al desaparecer el «buen espíritu», se deja un vacío que fácilmente es ocupado por un «mal espíritu»[4]. En estos casos el profesor ya no se preocupa por esforzarse para que los alumnos desarrollen su potencial, y es que tal vez el centro se interese más por temas burocráticos y financieros o, lo que sería peor, se haya convertido en un lugar intimidante en el que se erradique la creatividad de los alumnos.

Pongamos de ejemplo la asignatura de matemáticas. El alumno ha de ser creativo para poder resolver sistemas de ecuaciones. Pero bajo la influencia del miedo, quedará

---

[4] El «buen espíritu» también existe en un hospital cuando se sirve a los enfermos con el fin de que se restablezcan cuanto antes y del mejor modo posible. En caso de que la administración del hospital buscase tan solo el rendimiento económico, estaríamos hablando de un «mal espíritu».

bloqueado. Hablando neurobiológicamente, actuar bajo la influencia del miedo tiene la particularidad de estrechar considerablemente el punto de mira.

Hay modelos didácticos que optimizan los esquemas de enseñanza de las matemáticas y del trabajo pedagógico de los profesores. Algunos consisten en relacionar las matemáticas con la ficción literaria, de modo que los alumnos disfruten de su aprendizaje y les atribuyan el importante papel que juegan en el avance científico y tecnológico, con el fin de que comprendan por qué y para qué se les enseña matemáticas.

Tanto en la guardería como en la escuela o en la universidad, no es suficiente con capacitar al alumno para que realice esta o aquella tarea, para que aprenda una determinada asignatura, profesión o carrera. Hoy no basta con educar a los niños para que sean «cumplidores» en el sentido de «cumplo y miento». Son necesarios, más que nunca, «inconformistas» que nos hagan reflexionar sobre los verdaderos fundamentos de la grandeza humana. La época de los egocéntricos ha terminado. La buena comunicación empática y la apertura a nuevas soluciones —lejos de la cerrazón ante nuevas posibilidades— son un requisito indispensable para la adecuada maduración del niño. Es importante que los profesores sepan transmitir a sus alumnos la competencia social para despertar en ellos una curiosidad apasionada que les proporcione el deseo de querer aprender y que, sin duda, les allanará el camino para superar en un futuro los obstáculos y frustraciones que se les presenten. Una buena educación consigue que se transformen las mentes de los alumnos, de manera que puedan participar fructíferamente en la discusión y en el debate, con capacidad de juicio para entender en toda su hondura la complejidad de nuestra sociedad y los graves problemas que la aquejan, y sean alentados para afrontar su solución.

En Finlandia, los que estudian para ser profesores de colegios o institutos han sido escogidos entre los alumnos con expedientes brillantes. Tienen una muy buena base ya desde el Bachillerato. Son lectores y acumulan una buena cultura general. En las entrevistas de trabajo se suele valorar mucho su capacidad de expresión y su vocabulario. Además, se cuida mucho el buen ambiente, el buen espíritu en las aulas. Un ambiente en el que falte autoridad en el aula desincentiva a muchos que podrían ser buenos maestros.

Un niño no es un archivador de oficina

Los alumnos no son archivadores de oficina, carpetas en las que introducir poco a poco diferentes informaciones, sino seres vivos cuyas experiencias y comportamientos se rigen por reglas básicas de la neurobiología, que tiene muy en cuenta toda la relación dialogal en la que se integra la enseñanza escolar.

Los estudiantes siempre han sido rebeldes y se han opuesto a las imposiciones de la sociedad. Son inquietos y tienen ganas de aprender y explorar nuevas formas de vida. Todo esto es, sin lugar a duda, un reto para los padres y los profesores, que han de afrontar consiguiendo que los jóvenes no pierdan esa vitalidad que tanto les caracteriza y que los lleva a buscar, valiéndose del inconformismo, la verdad con pasión. A tal fin es necesaria una buena resonancia entre profesores y alumnos, sobre todo cuando existe el debido respeto y comprensión entre ambos, sabiendo escucharse los unos a los otros, siendo capaces de leer los mismos textos e interpretarlos conforme a una racionalidad compartida. De este modo se crean espacios en los que el conocimiento y el amor crecen.

Si llegase a faltar la influencia personal de los maestros sobre los alumnos, la escuela o la universidad se convertirían en edificios fríos, donde fácilmente se introduciría el individualismo con todas sus formas devastadoras, lo que Alain Finkelkraut[5] ha denominado «el despotismo del yo», una imposición surgida del enamoramiento hacia sí mismo. El narciso que no cesa de contemplarse y de encantarse a sí mismo al que nos hemos referido anteriormente.

Para evitar que nuestros hijos caigan en este egocentrismo es vital la conversación cordial entre profesores y alumnos, pero también el trato afectuoso e inteligente y la convivencia libre entre todos, para que puedan aprender unos de otros y ensanchar así su mente. El saber que deja poso y es capaz de influir en la sociedad se recibe de otros y se entrega a otros, se comparte en una comunidad viva en la que los miembros se comunican entre sí y están dispuestos a rectificar y arriesgar lo ya logrado para lanzarse a explorar nuevos territorios.

Una vez más podemos apreciar la gran lección de la neurobiología, que nos dice que hemos de cuidar las buenas relaciones humanas para poder adquirir más fácilmente nuevos conocimientos y la maduración de la persona humana en su totalidad. El buen crecimiento personal, tanto científico como cultural, psicológico y espiritual del alumno, ha de estar enraizado en un espacio comunitario en el que el intercambio de bienes espirituales entre él y los profesores no solo resulte posible, sino que sea positivamente promovido. Frente al

---

[5] Alain Finkelkraut, *La identidad desdichada*, Madrid, 2014.

egoísmo competitivo y a la mercantilización tanto de la escuela como de la universidad, ambas han de ser, como se decía antiguamente, el *alma mater*, es decir, una madre nutricia que conoce a cada uno de los alumnos por su nombre y no los ve como el producto de una fábrica expendedora de diplomas.

LIDERAZGO PARENTAL

Hemos insistido en que todo aquello que experimentamos en las relaciones humanas se transforma, a través de nuestro cerebro, en señales biológicas. El cerebro convierte la psicología en biología y, como consecuencia de los resultados neurobiológicos, se genera nuevamente psicología, es decir, se expresa en la experiencia y en la conducta. Estos conocimientos son esenciales para poder solucionar los problemas que pueden surgir en los niños o en los adolescentes.

Los padres son clave para el desarrollo integral del niño o adolescente. Por supuesto que nadie es perfecto, pero es necesario priorizar en estos tiempos en los que los padres están sometidos a las multitareas (*multitasking*) y el pluriempleo.

Ciertamente vivimos en una sociedad en la que la información nos invade, pero conviene tener en cuenta que es precisamente por su abundancia por lo que crea un empobrecimiento de la atención tanto en los adultos como en los niños. Lo cierto es que, sin la debida atención, sin la necesaria reflexión sobre los acontecimientos, no sabremos distinguir entre lo relevante y lo irrelevante, lo central y lo superficial. Y esto es especialmente importante para los niños. No se trata de realizar una pedagogía «perfecta», sino de que tanto los padres como los profesores recapaciten con frecuencia sobre su responsabilidad común de contribuir conjuntamente al buen desarrollo de los niños, pues de esto dependerán muchas cosas grandes.

El sentido auténtico del respeto se desarrolla en el niño con la experiencia del amor y del cariño, no del control. Los padres han de tener en cuenta que, por ceder, no serán ni más respetados ni más cariñosos con sus hijos. El miedo que algunos tienen a ser explotados por sus hijos es, con frecuencia, resultado de un dolor personal relacionado con el pasado. No tiene nada que ver con el niño y entorpece el camino del cariño y la confianza. El niño que se sabe escuchado y cuya vida fluye sin el control adulto no tiene necesidad de utilizar a sus padres. Los quiere y los admira y sabe que los tiene de su parte[6].

Cuando los niños se sienten impotentes y recurren a las rabietas como herramientas para conseguir cosas, están pidiendo el liderazgo de los padres. Impedir a un niño que exprese plenamente lo que siente no detiene sus sentimientos, solo la expresión de estos. Cuando el niño se ve incapaz o inseguro para expresarse como quisiera, sus sentimientos se acumulan hasta que llega a un estado de angustia. Esto conduce fácilmente a dificultades del aprendizaje, compulsiones, trastornos del sueño, tics, agresiones y otras manifestaciones corporales.

Cuando a un niño se le escucha, su capacidad de recuperarse de las heridas emocionales suele ser bastante rápida. Tal vez necesite expresar poca cosa, o pueda tener una gran pataleta. De cualquier forma, cuando tiene la libertad de dar a conocer sus sentimientos, no

---

[6] Naomi Aldort, *Aprender a educar sin gritos, amenazas ni castigos*, Barcelona, 2013, pp. 100-157.

recurrirá al «chantaje» de la pataleta. El adulto jamás se debe igualar al pequeño, no debe gritar, no debe subir el tono de voz, es conveniente que hable muy calmado, de este modo el niño pronto dejará de llorar y se ocupará de nuevo de su actividad como si nada hubiese pasado. Por supuesto que esto no funciona siempre de modo tan fácil, ya que otras veces persiste en expresar su disgusto, por lo que llorará y se enrabietará más tiempo. En cualquier caso, ante los desengaños y problemas de la vida cotidiana hay que ayudarles a que no se aferren al dramatismo. Cuando los padres aprendan a dejar fluir libremente la rabieta o la tristeza, observarán asombrados cómo el niño se recupera[7].

Es importante para los padres saber educar a sus hijos frente a la adversidad. Aprender a poner al mal tiempo buena cara. Una de las razones por las que prefieren darles todo a sus hijos para que tengan bienestar y una vida cómoda, antes de animarlos al esfuerzo y hacerles «sufrir» para conseguir un objetivo, es porque piensan que, en caso contrario, sus pequeños dejarían de quererlos. Nada más lejos de la realidad[8]. Todo lo que vale cuesta. Conseguir aquello que supone esfuerzo significa, al final, adquirir ese regusto de haber hecho algo bueno, y es precisamente este bienestar el que activa las neuronas del sistema motivacional, lo cual supone una gran satisfacción personal para el niño y permite que el cerebro produzca a borbotones nuevas sustancias mensajeras neuroplásticas para superar mejor las adversidades.

---

[7] Ibídem, p. 102.

[8] Recordemos una vez más todo lo que hemos dicho sobre el virus letal de la simbiosis.

138

Si no enseñamos a los niños a esforzarse en la infancia, de mayores serán adultos insatisfechos e inseguros porque tendrán miedo de enfrentarse a cualquier situación que les suponga el más mínimo esfuerzo. El verdadero cariño evita que el esfuerzo se convierta en un trauma psicológico. Los hijos no se trauman por la exigencia si se sienten queridos. El mejor educador es, sin duda, el ejemplo de vida. No vale sermonear una y otra vez con lo mismo para que lo asimilen. O vives como piensas o acabas pensando como vives. La conducta tiene una fuerza educativa y transformadora muy poderosa. Una manera de lograrlo es que el educador y el educando lo hagan juntos, sin tirar la toalla cuando parece que no se consiguen los objetivos educativos deseados; ya aparecerán más adelante. No hay que cansarse de dar buen ejemplo.

De lo dicho hasta el momento no debe deducirse que hemos de educar con el objetivo de que el niño no tenga miedo, lo cual sería imposible e incluso peligroso. Si el niño se siente seguro por el amor incondicional de sus padres, sus angustias normales fácilmente encontrarán salida y podrá, de ese modo, mantener el equilibrio emocional. Una situación de angustia continuada es estresante y daña la capacidad del niño para pensar, aprender, relacionarse y desarrollarse. En casa debe sentirse seguro y poder liberar las emociones negativas sabiéndose escuchado por sus padres y cuidadores. Los niños anhelan tanto la aceptación de los padres que cualquier acción por su parte que no sea cariñosa o respetuosa puede provocar la duda. No solo deben estar seguros del cariño y respeto de sus padres, sino que han de ser capaces de apreciar su expresión de disgusto cuando se les critica o molesta. Si lo que impera es un clima de sinceridad en el que se facilita la buena comunicación de sentimientos, fácilmente se puede restablecer la confianza cuando se haya debilitado.

Si el niño se avergüenza por lo que dice o hace, puede que se encierre en sí mismo y finja ser como se espera que sea. Muchas personas reconocen esta poca autenticidad al cabo de los años, al recordar que de pequeños tenían que ser los mejores en clase. Así se expresaba una niña cuyos padres esperaban que fuese la mejor: «Tenía que ser la mejor y fingía disfrutar del reto. Por dentro, me sentía indefensa y temía que si no era la primera de la clase no me querrían ni me valorarían».

EDUCAR PARA SER FELIZ

La felicidad se halla en el encuentro con la realidad, no en simulacros, mundos virtuales o situaciones de enajenación. No se trata de soñar la felicidad, sino más bien de convertir en feliz la realidad que vivimos diariamente. En el comienzo de toda ética, es decir, de todo preguntarse de manera consciente por la vida recta, se sitúa el proceso en el que el niño, desde la parcialidad de su subjetivo mundo de sentimientos, es introducido empáticamente en la realidad, que es como es, independiente de nosotros. Rousseau, entre sus pocos consejos acertados, recomendó que cuando un niño quiera una manzana, no hay que ir a buscársela, sino llevarle hacia ella. Así aprende que somos nosotros quienes debemos movernos hacia las cosas, ya que ellas no se nos someten sin más.

No basta con hacer un clic del ratón del ordenador para que se cumplan mis deseos como por arte de magia. El gran escritor alemán, Matthias Claudius (1740-1815),

140

le escribe a su hijo Juan: «La verdad, querido hijo, no se acomoda a nosotros, sino que somos nosotros los que debemos acomodarnos a ella». Esta frase contiene una gran sabiduría. Una persona es feliz si realiza lo que quiere y lo que puede, pero desde luego no de forma ilimitada, sin fronteras, sino solamente cuando es capaz, al mismo tiempo, de aceptar la realidad tal como viene dada. Conviene darse cuenta de que esto es así felizmente y no por desgracia. Pues solo ante una realidad que nos ofrece resistencias podemos desarrollar nuestro potencial. Y las alegrías más profundas de la vida tienen que ver con el desarrollo de nuestras fuerzas y capacidades.

El educador tiene ante sí la tarea de introducir al niño en la realidad que está frente a él y que es independiente de él. La madre es, en general, la primera realidad independiente con la que el niño se encuentra, de este modo se facilita que la primera realidad sea favorable y afable. La formación de esta primera experiencia –la psicología habla de confianza originaria– es lo más importante que la educación tiene que hacer. Por lo general, quien pueda recurrir al recuerdo de un mundo sano, está mejor preparado para el contacto con un mundo que está viciado[9].

Acordémonos nuevamente de que la felicidad no debe confundirse con algo tan utópico como querer pasar toda la vida en un estado de euforia permanente o de continuos sentimientos agradables. Basta con hacer un experimento mental, tal como nos sugiere el filósofo alemán Robert Spaemann[10]. Como ya hemos afirmado en el capítulo 1, podríamos mantener a un paciente atado a una

---

[9] Robert Spaemann, *Ética, política y cristianismo*, Madrid, 2007, p. 92 y *Ética. Cuestiones fundamentales*, Madrid, 2007, pp. 47-48.

[10] Ibídem, p. 43.

mesa suministrándole fármacos que le proporcionarían un continuo bienestar, pero eso no significa ser feliz, ni nadie de nosotros se cambiaría por tal paciente, porque se encuentra al margen de la vida verdadera, de la realidad. Entregarse a ilusiones utópicas conlleva desilusionarse. Vivir en ese mundo no nos dará la verdadera felicidad. Esto sería una ingenuidad.

La felicidad verdadera no procede de tener suerte, dinero o salud. Se trata más bien de una actitud interior; de aquella que tomo ante las diferentes situaciones de la vida. Pero ha de ser una actitud que provenga de dentro del sujeto, es decir, de cada uno de nosotros y que me lleve a hacer las cosas con entusiasmo, con ilusión. Y es precisamente esta energía regeneradora la que me pone en condiciones de superar las dificultades y lograr la felicidad, que no deja de ser muy valiosa y cuesta conseguir.

La felicidad ficticia es la que viene de fuera, como regalada, sin esfuerzo interior. Muchos prefieren no esforzarse y se quedan en la cuneta. Por eso hay tantas adicciones: a las chuches, los dulces, la televisión, el juego, el alcohol, el sexo, porque renuncian a la felicidad y prefieren optar por la postura cómoda de sentirse bien a corto plazo, en vez de esforzarse por ser felices. Ni que decir tiene que ni las chuches, los dulces, la televisión, el alcohol, el sexo, son malos; tan solo su uso desmedido y desintegrado de su verdadera realidad es nocivo y produce adicción.

Los padres se equivocan cuando sobreprotegen a los niños, porque impiden su buena madurez personal. En un mundo hiperexigente muchos padres piensan que, para protegerlos mejor, los críos tienen que llevar cascos cuando aprenden a andar para prevenir que sufran lesiones y además rodilleras para protegerse de heridas cuando gatean. Para evitar que los niños sean miedosos, asustadizos y temerosos, han de experimentar dificultades y riesgos, siempre desde la base segura que le proporcionan los cuidadores. Superar los riesgos y dificultades es lo que les permitirá ganar en autonomía.

Mucha gente supedita su vida a un estado de bienestar momentáneo, sin que ello signifique que esa persona sea feliz, porque la felicidad hace referencia a un estado más profundo que no solo abarca ciertos momentos de placer. Cuántas veces deseamos cosas materiales, ganar la lotería, gozar de poder o viajar sin ataduras; lo queremos incondicionalmente, e incluso a veces lo conseguimos, pero luego comprobamos que no nos termina de satisfacer. Entonces nos preguntamos: ¿acaso no era esto lo que deseaba? La realidad es que nuestro anhelo era lograr la felicidad verdadera, que en muchas ocasiones camuflamos tras experiencias que no nos la proporcionan. El concepto de felicidad puede dar lugar a grandes equivocaciones.

La clave de la felicidad radica en saber independizarse de los factores externos, o, mejor dicho, saber integrar esos influjos del dinero, el placer, el poder; saber integrar, como ya hemos indicado, todas las pulsiones del ser humano en un todo, enseñoreándonos sobre los actos. Y será mi libertad interior la que me ayude a obtener ese punto de mira que lo unifique todo; lo que podríamos llamar un proyecto de vida. Algo que da sentido a lo que hago.

Si conseguimos ese objetivo, alcanzaremos una vida lograda. Es lo que queremos transmitir a nuestros niños.

9.
NO MATEMOS LA CREATIVIDAD
DE LOS NIÑOS. PELIGROS
DEL EXCESO DE ESTRÉS

El cerebro es un experto buscador de amenazas.
La felicidad no consiste en la ausencia de estrés.
Necesitamos un poco de estrés y, sobre todo,
necesitamos entenderlo.

SONIA LUPIEN

ALAS PARA VOLAR

Hemos visto cómo las experiencias variadas y positivas que va teniendo el niño durante su primera infancia, contribuyen eficazmente a que su cerebro se desarrolle convenientemente. Por el contrario, las represivas, negativas o traumáticas pueden aumentar el riesgo de que vayan apareciendo problemas cognitivos, de comportamiento y emocionales. El niño nace con un gran genio creativo, pero ¿qué ocurre si lo recortamos o lo amputamos?

Cuando le exigimos a una niña pintar con unos colores determinados, estamos impidiendo el desarrollo normal de sus talentos. Veamos la ilustrativa anécdota que cuenta Ken Robinson en TED[1]: «En clase de dibujo, una profesora le preguntó a una niña de seis años qué estaba

---

[1] *https://www.youtube.com/watch?v=iG9CE55wbtY*

pintando y ella le contestó que pintaba a Dios. La profesora repuso que nadie sabía cómo era Dios, a lo que la niña respondió: "Pues espere y verá"».

La creatividad es la forma que tenemos de expresarnos usando para ello nuestra imaginación y nuestros propios talentos. Todos somos capaces de ser creativos en un área concreta y podríamos contar casos sumamente variados de muchas personas que han sabido hacer buen uso del gran potencial de desarrollo del que gozan.

Esto que acabamos de decir lo podemos condensar en una historia singular, la de Edison, el célebre inventor estadounidense que durante su vida patentó más de dos mil inventos. Hace unos años History Channel emitió *Thomas Alva Edison: el hijo de Nancy*[2], un cortometraje en el que aparece una escena en la que un joven Edison llega a su casa al salir de la escuela y, tras entregarle un papel a su madre, le dice: «Mamá, mi maestro me dio este papel, me dijo que te lo diera y que solo tú podrías leerlo. ¿Qué es lo que pone?». Con los ojos llenos de lágrimas, la madre leyó: «Su hijo es un genio. Esta escuela es demasiado pequeña para él y no contamos con maestros suficientemente buenos para enseñarle. Por favor, edúquelo usted misma». Y fue lo que hizo, dedicándose a él en cuerpo y alma, hasta que enfermó y murió.

Muchos años después de que su madre falleciera, Edison se convirtió en uno de los inventores más importantes del siglo. Un día, revisando en viejos archivos, encontró la carta que años antes el maestro escribió a su madre y la abrió. El mensaje decía. «Su hijo es un deficiente mental. No podemos permitir que asista a nuestra escuela. Está expulsado».

---

[2] *https://www.youtube.com/watch?v=W0JPm2Cy2Hg, Thomas Alva Edison, el hijo de Nancy*. Un cortometraje producido por History Channel.

Después de leer esta carta, Edison se emocionó profundamente y plasmó en su diario estas palabras: «Thomas A. Edison era un niño con deficiencias mentales a quien su madre convirtió en el genio del siglo». Existen testimonios del inventor acerca de cómo, ya adulto, se sentía en deuda con su madre por la manera en que se implicó en su educación. El portal de Thomas Edison del National History Parks, encargado de la conservación de buena parte del archivo documental del inventor, recoge la siguiente frase: «Mi madre fue la que me hizo como soy. Fue tan leal, estaba tan segura de mí, que yo sentía que tenía un motivo para vivir, alguien a quien no decepcionar».

Son muchas las enseñanzas que nos ha legado Nancy, la madre de Edison, una verdadera líder con excelencia. En lugar de leer lo que realmente decía la carta, le dio a su contenido un giro total, transmitiendo seguridad y confianza a su hijo. Le hizo creer que era un genio y se lo creyó tanto, que creció y murió siéndolo.

Uno de los principios rectores del desarrollo integral del niño es que importa más mantener y aumentar sus ganas de aprender que insistir en que memorice hechos y cifras. Si se les atosiga para que absorban hechos y cifras sin sentido, no se incrementará su deseo de aprender; antes bien irá en detrimento de su desarrollo y capacidad para aprender cosas importantes para su futuro. Los niños vienen a este mundo con el deseo de hacer tareas, de construir castillos de arena, descubrir tesoros escondidos, de jugar con los objetos más diversos, de descubrir por sí mismos nuevos mares. Todo esto ocurre generalmente, sin necesidad de que los padres o cuidadores les alienten a hacerlo. Los niños quieren experimentar, aprender de sus errores, interactuar con otros niños, y llegar a entender qué es un conflicto y cómo reaccionar frente a los sentimientos. El juego estimula de modo especial la imaginación y la creatividad y les ayuda a percibir el mundo adulto con sus problemas y sus reglas[3].

El desarrollo del niño es, por tanto, multiforme, físico, emocional, mental, social y espiritual, y conlleva un efecto dominó intrínseco en el que el cambio crea el cambio. La práctica refuerza y mejora las aptitudes en las que se funda el saber y es el niño quien elabora sus propios conocimientos[4].

INFLUENCIAS DEL MALHUMOR SOBRE LOS NIÑOS

Frente a estos deseos innatos del niño de crecer, de hacer tareas, de desarrollarse, de volar alto, aparecen un sinfín de situaciones que fácilmente le podrían «cortar las alas». Habíamos insistido en la necesidad de vivir en un ambiente de *amabilidad social*. También hemos repetido que para poder hablar de una vida lograda o malograda hemos de tener muy en cuenta el ámbito de relaciones en el que se desarrolla nuestra vida.

Pero ¿qué ocurre si un niño vive en un mal ambiente social y además en su familia hay peleas, gritos y malas caras? El mal humor de los padres afecta al desarrollo psíquico del niño; su estilo de vida perjudicar la salud de los hijos. ¿Qué podríamos hacer para solucionar los problemas de estrés y cansancio que tantas veces provocan nuestro mal humor e irritabilidad?

Ya hace más de dos mil años, Platón, el gran filósofo de la Grecia clásica, afirmaba en su libro *Critón*: «No se

---

[3] Ver para ello: *http://unesdoc.unesco.org/images/0011/001163/116350so.pdf*

[4] Ibídem. Ver también, Gerald Hüther y Christoph Quarch, */Rettet das Spiel! Weil Leben mehr als Funktionieren ist*, München, 2018.

trata tan solo de vivir, sino de vivir bien», de llevar una vida buena. Vivir bien parece ser algo muy fácil, pero cuántas veces en la vida, lo más fácil es lo más difícil porque nos dejamos llevar por un estilo de vida que perjudica nuestra salud y la de los demás. Numerosos estudios científicos revelan que un ambiente familiar estresante produce un impacto negativo sobre el desarrollo del niño. En un hogar en el que los ataques de ira son frecuentes y abundan los gestos de intimidación, el sistema inmunológico se ve afectado y las defensas naturales contra todo tipo de enfermedades, ¡disminuyen drásticamente!

En las últimas décadas, varios trabajos de investigación han puesto en evidencia el nexo entre violencia y estrés de modo especial en los primeros años de vida[5], con alteraciones en la estructura y función cerebrales, alteraciones psiquiátricas, cognitivas y afectivas. La psicología infantil puede verse afectada de forma importante por su entorno, sobre todo el familiar.

Cuando los niños son pequeños, el mundo de los adultos es un misterio que a veces puede parecer oscuro. No entienden las palabras que los mayores intercambian entre sí, ni el sentido de sus decisiones y acciones, ni las causas de sus cambios de humor, de sus cóleras repentinas. No pueden comprender por qué un diálogo tranquilo puede desencadenar una sucesión de gritos, portazos o lanzamiento de objetos.

Como diría Natalia Ginzburg, «como consecuencia de esas palabras rabiosas que vuelan de un cuarto al otro,

---

[5] Susan D. Hillis, James A. Mercy y Janet R. Saul, «The enduring impact of violence against children», en *Psychology, Health & Medicine*, 22 (4), abril de 2017, pp. 393-405.

todo el misterio de los adultos pesa sobre los niños»[6]. Junto con la inseguridad aparece la depresión y la ansiedad. Es común que los niños afectados por el frecuente mal humor de los padres presenten problemas de adaptación en el colegio. Pueden sentir miedo a expresarse libremente ante sus padres y sus profesores, lo cual puede afectar seriamente su desarrollo psíquico.

Además, hemos de tener en cuenta que la ira se propaga y se contagia más eficazmente que otras emociones. Este hecho se magnifica gracias a las redes sociales, donde a veces se destila un odio que escandaliza. Esto es debido a que las personas, seres relacionales por naturaleza, tratamos de estar en sintonía con nuestro entorno, sea este real o virtual.

EL MIEDO NUNCA ES BUEN CONSEJERO

En nuestras reflexiones introductorias hemos hecho referencia a la importancia de la calidad de nuestras relaciones interpersonales para nuestro bienestar. En el segundo capítulo aludíamos a los estudios del profesor de la Universidad McGill de Montreal, Michael J. Meaney, conocido por sus investigaciones sobre el estrés, la atención materna y la expresión génica. Meaney fue el primero en descubrir la importancia del cuidado materno en la modificación de la expresión de genes que regulan el comportamiento del niño[7].

Decíamos que, al nacer el niño, su sistema anti-estrés está bloqueado. Las muestras de afecto y de cariño hacen

---

[6] Natalia Ginzburg, *Las pequeñas virtudes*, Barcelona, 2002, p. 114.

[7] Michael J. Meaney, «Effects of the social environment and early life stress on neurodevelopment, cognition, behaviour and health», en *Psychoneuroendocrinology*, 61, 2015, p. 11.

que desaparezcan esas barreras, es decir, las relaciones de afecto, atención y cariño activan los sistemas anti-estrés. Durante los dos primeros años, el niño necesita una relación diádica —de tú a tú— para que se pueda formar su yo.

Al igual que los adultos, los niños y adolescentes dependen en gran medida de las relaciones humanas existentes en su entorno y, de modo especial, del vínculo que tengan con su madre y su padre o con sus responsables. La educación parental eficaz se apoya en el desarrollo de un vínculo estable. Lo normal es que ese vínculo se trasforme en cercanía emocional, pero si entre los padres y los hijos faltara esa conexión, el aprendizaje se vería dificultado. Es por ello por lo que, en esta cuestión, lo más relevante no es lo que hacen los padres sino lo que ellos son, lo que representan para sus hijos.

El control ejercido por algunos padres, aunque sea con amabilidad, supone con frecuencia un engaño tanto para ellos mismos como para sus hijos. El niño que obedece por miedo, generalmente, no va a mejor sino a peor; ya no actúa desde dentro sino tan solo para protegerse y para satisfacer a sus superiores. Mientras se siente controlado, el niño no experimenta el cariño de sus padres. El miedo nunca es buen consejero, ya que, como venimos apuntando, roba la creatividad y conduce a situaciones de estrés. Lo que pretenden los padres puede lograrse con la plena salvaguardia de la dignidad del niño, no es ni mucho menos necesario acudir a métodos que le hieran, le priven de su autonomía y que, en suma, puedan dañar la relación paterno-filial. En el momento en que el niño se sienta seguro para ser él mismo, empezará a actuar de manera competente, no con el objetivo de complacer a sus padres sino para superarse a sí mismo. Será considerado y amable no porque les tema, sino porque los quiere.

El miedo y el estrés pueden derivarse de factores sobre los que no tenemos un control absoluto, pero podemos ayudar al niño a liberarse de su influencia. Las causas pueden ser variadas, desde el nacimiento, procedimientos médicos o separación de la madre hasta una mala experiencia en el parque, una historia, una película, una visita cuya voz sea potente o cuyo aspecto asuste al niño... Tales hechos biográficos basados en experiencias dolorosas pueden crecer y convertirse en trastornos emocionales que se alojan en la mente. Es, pues, importante que el niño pueda hablar abiertamente acerca de estas experiencias.

Situaciones de alarma se presentan con frecuencia cuando los niños están sometidos a una competitividad que les supera. Por ejemplo, cuando las personas tienen que rendir más de lo que sus fuerzas les permiten o en el caso de aparecer conflictos en la relación de pareja, en la familia o en el puesto de trabajo. Las luces rojas se pueden encender también cuando los profesores tienen miedo a los alumnos o a sus padres y no se sienten comprendidos por sus colegas y superiores o cuando se sienten abandonados por ellos. Otras situaciones perturbadoras se producen cuando las personas pierden su puesto de trabajo o los adolescentes la confianza en sus padres, cuando se cuida hasta el exceso a un pariente necesitado, como por ejemplo a un niño discapacitado o a un paciente con alzhéimer. Ni que decir tiene que las personas que abandonan su país como consecuencia de la violencia o de la guerra tienen que pasar por un verdadero calvario.

El cuerpo humano no solamente se alarma cuando le cae una viga o una piedra encima de la cabeza, la salud también depende en gran medida de los así llamados «hechos blandos» (*soft facts*), es decir, de las amenazas que aparecen por los conflictos interpersonales, falta de cercanía humana, de apoyo social y otros factores estresantes que están íntimamente unidos a la configuración de las relaciones humanas. Lo dicho nos permite afirmar una vez más, que la felicidad depende en gran medida de las relaciones interpersonales, más incluso que del dinero o de la salud en general.

En caso de no afrontar con prontitud la nueva situación de estrés con un diagnóstico claro y una terapia adecuada, los síntomas iniciales fácilmente podrían difuminarse e incluso desaparecer, y de este modo sería difícil detectar la causa que estaría provocando esa situación de estrés. De este modo, la enfermedad podría independizarse y presentar poco a poco nuevos signos adicionales, lo cual dificultaría más aún el diagnóstico correcto de la causa subyacente.

En conclusión, el bienestar psíquico, corporal y, en concreto, el cerebral dependen de la calidad de las buenas relaciones interpersonales. Allí donde las relaciones humanas disminuyan y se deterioren tanto cuantitativa como cualitativamente, las enfermedades aumentarán.

LA REACCIÓN DE ESTRÉS

El concepto de estrés se remonta a la década de 1930, cuando Hans Selye, hijo del cirujano austríaco Hugo Selye, observó, a los veinte años, mientras cursaba el segundo año de Medicina en la Universidad de Praga, que todos los enfermos a quienes estudiaba, indistintamente de la enfermedad que padecían, presentaban síntomas comunes y generales, tales como cansancio, pérdida del apetito, disminución de peso, astenia, etc. A tal sintomatología la denominó «Síndrome de solo estar enfermo».

Para el joven Selye resultaba inaudito que tantos médicos hubieran dedicado su tiempo al estudio y tratamiento de enfermedades individuales sin haber prestado atención al «síndrome de solo estar enfermo». Años más tarde, en 1936, acuñó la denominación de «síndrome de estrés», indicando así la influencia de algún «estresor», es decir, una acción nociva sobre lo que Claude Bernhard había llamado el «medio interior del cuerpo» (*milieu intérieur*) y Walter Cannon «homeostasis». Fue, por tanto, Hans Selye el primero que describió el efecto nocivo de la sobrecarga de estrés.

En la actualidad, para precisar conceptos, se utilizan de manera alternativa dos términos. El primero, «respuesta de estrés», se refiere a la respuesta no específica del organismo a cualquier demanda, mientras que el segundo, el término «estresor» o «situación estresante», se refiere al estímulo o situación que provoca una respuesta de estrés.

Todos conocemos la extraña sensación que nos invade ante una prueba difícil, un jefe que amenaza con despedirnos, un ser humano querido que nos abandona o expresa unas expectativas imposibles de satisfacer. Ante tales hechos es muy posible que se nos haga un «puño» en el estómago, se nos humedezcan las manos, nos dé taquicardia y nos sintamos impotentes, desamparados e indefensos. Notamos que nos ha sobrevenido algún factor amenazador que nos desequilibra y buscamos desesperadamente una estrategia de conducta que nos permita solucionar el problema y reconducir la situación. El cerebro reacciona entrando en una fase de alarma, que se transmite a las prolongaciones nerviosas del cuerpo. Cada uno de los órganos entiende enseguida la señal. Si nos valemos de una estrategia correcta que propicie la solución, la alarma deja de resonar. Gracias a una reacción controlada del estrés la situación vuelve a la armonía originaria. Nos sentimos aliviados y reconfortados, con la sensación de haber adquirido una nueva capacidad para entusiasmarnos e ilusionarnos.

Pero ¿qué ocurre cuando la situación se desborda? El cerebro entra en una alteración alarmante. Las glándulas suprarrenales segregan en la sangre sus reservas de adrenalina, la hormona de estrés más conocida. Esto provoca que se acelere el ritmo cardíaco, porque necesitamos el máximo de sangre para aportar más oxígeno y nutrientes a todos los órganos. Aumenta la respiración para que la sangre se oxigene lo antes y mejor posible. Las pupilas se dilatan, ya que necesitamos la mejor visión para «ver el peligro». Aumenta la presión sanguínea. Los vasos sanguíneos de los órganos más importantes se ensanchan para recibir más sangre, mientras que los más pequeños —aquellos que riegan orejas, nariz, manos...— se estrechan, ya que no son imprescindibles durante unos momentos, lo cual provoca que palidezcamos.

La mayor cantidad de sangre que afluye en esta situación de alarma, al llegar a las glándulas suprarrenales, hace que estas segreguen grandes cantidades de otras hormonas del estrés, sobre todo la llamada hidrocortisona, que produce un efecto mucho mayor que la adrenalina[8]. El miedo inicial se convierte en desesperación, impotencia, inutilidad, incapacidad, minusvalía, carencia, agotamiento. La reacción de estrés, que se extiende por el cuerpo, ya no se detiene, se ha vuelto incontrolable. Seguimos buscando

---

[8] Gerald Hüther, *Biologie der Angst. Wie aus Streß Gefühle werden*, Göttingen, 2005, pp. 33-47: «In unserem Gehirn ist der Teufel los, alles geht durcheinander... wir ahnen, daß etwas passieren muß, damit diese unkontrollierbare Streßreaktion irgendwann aufhört, daß wir verloren sind, wenn wir keinen Ausweg finden».

una solución sin encontrarla, lo cual produce un estado de ansiedad, de cansancio y desánimo. Por la noche nos acostamos agotados, y, a la mañana siguiente, nos despertamos con la misma sensación de desasosiego: un estado extraño de intranquilidad y de parálisis.

La sensación inicial es el miedo, hayamos abordado el estrés con una buena estrategia, deteniéndolo, o con una mala, no lográndolo. Pero los cambios producidos tanto en el cerebro como en todo el cuerpo a través de estas situaciones de estrés —vencidas o no—, son totalmente diferentes. En el primer caso, al poder controlar la sobrecarga de estrés, el miedo se transforma en aliento, ánimo y vigor y, sobre todo, crece la confianza en las cosas que podemos hacer. Esa situación nos proporciona bienestar, alegría y felicidad. Pero ante la reacción de estrés desbocada, entonces el miedo se transforma en ira y desesperación, la inseguridad inicial en incertidumbre y perplejidad. Nos sentimos míseros, descontentos e infelices y, además, disminuyen las defensas inmunológicas de nuestro organismo.

Pero ¿qué tiene que ocurrir para que se desencadene un miedo incontrolable? Lo cierto es que lo que una persona experimenta como una amenaza desenfrenada, para otra puede constituir un reto que, una vez superado, representa una gran ayuda para poder crecer interiormente y desarrollarse en armonía. La pérdida de un ser querido o su ausencia prolongada, un alejamiento cada vez mayor o también un acercamiento amenazador, demasiada responsabilidad o poca confianza, el recuerdo de una humillación, de una traición, de un engaño, pueden convertirse en una sobrecarga de estrés incontrolable, o bien en acicates para sobreponernos y avanzar. Todos arrastramos una historia única y personal de nuestras experiencias. Los retos son diferentes, y también las soluciones de cada uno de nosotros.

156

Sin embargo, sucumbir al estrés puede tener un aspecto positivo en determinados casos. Cuando nos consideramos capaces de dominar todos los problemas con nuestras únicas fuerzas, sin pedir jamás ayuda, afianzándonos tan solo en nuestros criterios y cayendo incluso en el orgullo, la sensación de perder el control nos recoloca, mostrándonos que hemos caído en un grave error. De este modo aprendemos que, por muy capaz que sea una persona, por muy individualista, necesitamos que los demás nos ayuden y, si son incapaces, al menos que nos acompañen, nos escuchen y comprendan, nos reconforten. El ser humano necesita no sentirse solo, saber que hay alguien a quien poder pedir consejo y consuelo. Entonces, el miedo desaparece y, con él, la reacción de estrés.

UN NUEVO ENFOQUE SOBRE EL ESTRÉS

Hace unos años, durante una actuación en TED[9] de la psicóloga estadounidense Kelly McGonigal, nos animaba a ver el estrés de forma positiva, y nos presentaba un modo sencillo para reducirlo: cambiando nuestra opinión sobre él, convirtiéndolo en nuestro aliado. Lo perjudicial para la salud no es el estrés, sino la creencia de que es malo. Un estudio efectuado durante ocho años en 30.000 adultos le llevó a la conclusión de que, si no consideramos al estrés como algo nocivo, nuestras expectativas de vida serían considerablemente mayores y mejores. Cambiar por tanto nuestra perspectiva sobre el estrés nos puede ayudar a llevar una vida más sana.

Pero, además, McGonigal afirma que el estrés nos hace más sociables. Para entender esta aseveración tenemos que

---

[9] *http://www.youtube.com/watch?v=RcGyVTAoXEU&t=251s*

referirnos a la hormona oxitocina, la que se libera cuando abrazamos a alguien. La oxitocina es una neurohormona que afina los instintos sociales de nuestro cerebro. Nos prepara para que hagamos lo necesario para fortalecer las relaciones cercanas. La oxitocina mejora la empatía y nos hace más comprensivos. Algunas personas incluso han sugerido que deberíamos aspirar oxitocina para ser más compasivos y cariñosos.

Sin embargo, hay algo que mucha gente desconoce de la oxitocina: se trata de una hormona del estrés. Según McGonigal, la oxitocina es liberada por la glándula pituitaria[10] como parte de la respuesta al estrés. Mientras la adrenalina hace que suframos palpitaciones, la oxitocina nos incita a buscar ayuda. La respuesta biológica al estrés es empujarnos a decirle a alguien lo que sentimos en lugar de reprimirlo. Callar tus sentimientos es malo para la salud. Cuando la vida se hace más cuesta arriba, la respuesta al estrés nos apremia a rodearnos de gente que se preocupe de nosotros.

La oxitocina no solo actúa en el cerebro, sino también sobre el cuerpo, protegiendo el sistema cardiovascular de los efectos del estrés. Es un antiinflamatorio natural. También ayuda a los vasos sanguíneos a estar relajados durante el estrés y fortalece el corazón. Además, todas estas ventajas de la oxitocina se intensifican con el contacto y el apoyo social y de este modo podremos recuperarnos más rápidamente del estrés.

Apoyándose en sus investigaciones, McGonigal concluye afirmando que aquellos que dedican tiempo a cuidar de

---

[10] La hipófisis, también denominada glándula pituitaria, es una glándula pequeña (de alrededor de 1 cm de diámetro y 0,5 a 1 gramo de peso) situada en la silla turca, cavidad ósea en la base del cráneo y conectada con el hipotálamo por el tallo hipofisario.

los demás no muestran aumento del riesgo de muerte por estrés y que ayudar a los demás crea resiliencia. Queda claro que nuestra manera de pensar y actuar puede transformar nuestra experiencia ante el estrés. Si consideramos que el estrés no es un peligro sino un aliado, estamos construyendo la «biología del coraje». Y cuando decidimos relacionarnos con otras personas que padecen estrés, nos volvemos resilientes. Como apunta McGonigal: «No deseo ni para mí ni para nadie más experiencias estresantes, pero en caso de presentarse podemos enfocarlas de un nuevo modo. Y, sobre todo, no debemos enfrentarlas solos».

Los nuevos estudios acerca del estrés llegan a una conclusión muy similar a la de Hans Seyle, quien, como sabemos, formuló el concepto de estrés. Cuando le preguntaron cómo se podía actuar contra él, respondió: «Gánate el amor de tu prójimo».

10.
JUGAR CON ENTUSIASMO, TRABAJAR CON ENTUSIASMO

El hombre únicamente juega allí donde es hombre
en el pleno sentido de la palabra, y solamente
es hombre en su sentido pleno,
allí donde juega.

FRIEDRICH SCHILLER

HOMO LUDENS VERSUS HOMO OECONOMICUS

Jugar es una herramienta básica para el desarrollo de los niños ya que supone descubrir, conocer el mundo que nos rodea. La grandeza del juego radica en que tiene siempre su fin en sí mismo. Jugamos por jugar sin atisbar detrás de esto ninguna utilidad.

El hombre que «juega» sabe afrontar la vida con el entusiasmo y la «seriedad» de una niña de seis años que juega en la playa a construir una casa maravillosa, en la que no faltan la cocina, la sala de estar y las habitaciones para sus papás, sus hermanos y sus amigas. El hombre que «juega» afronta la existencia con la creatividad del niño que alza su cabaña en medio del salón valiéndose de unos muebles, una sábana y varias toallas. En ambos casos podemos apreciar cómo el juego motiva a los niños para que descubran nuevas tareas, otros horizontes, más metas, tesoros escondidos. El juego favorece y estimula cualidades éticas tan importantes como el dominio de sí mismo, la honradez, la seguridad, la atención, la reflexión, la búsqueda de alternativas, el respeto por las reglas del juego, la creatividad, la curiosidad, la imaginación, la iniciativa, el sentido común y la solidaridad con los demás.

El *homo ludens*, el que juega, se opone netamente al *homo oeconomicus*, al que solo le preocupa la maximización de su provecho; únicamente se mueve por su interés. Resulta obvio que todos quieran ganar en los mercados y, por supuesto, a nadie se le puede echar en cara que quiera hacer buenos negocios. Pero el *homo oeconomicus* únicamente cuenta con la motivación egoísta para poder modelar una nueva sociedad. Por el contrario, el niño que juega lo hace desinteresadamente, poniendo todo su genio y su empeño en ello, pero sin esperar nada a cambio.

Como es lógico, al hablar del adolescente o del adulto que juega no nos estamos refiriendo a los videojuegos ni al consumo indiscriminado de programas de televisión, sino a aquellas actividades que compatibilizan su carácter lúdico con una motivación y un aprendizaje activos. El juego, al igual que el trabajo, ha de considerarse más bien como una tarea que se hace con el corazón, que lleva a interiorizar un reto sobre el que se despliega toda la inteligencia, haciéndolo propio.

Existe también la expresión «esto no es un juego», que indica que algo es realmente importante, que no puede tomarse a broma. «Juego», en este caso, significa poco serio, incluso peligroso. Hemos de aclarar que no es este el sentido que damos en este capítulo a la palabra «juego».

En realidad, uno no es sino las distintas situaciones en las que se encuentren los juegos que juegue. Y es que los distintos contextos de nuestra vida tienen, por decirlo como el gran filósofo Ludwig Wittgenstein, un cierto aire de familia muy parecido al de los juegos. Según él, deberíamos aprender de los niños que están entregados al juego. En caso de que no estuviesen entregados al juego serían expulsados, por convertirse en aguafiestas que no hacen lo que se espera que hagan. También podríamos decir que no están dando sentido a lo que están haciendo o no están en lo que hacen, no se involucran.

Pero al hablar del juego hemos de abordar lo que se entiende por seguir una regla, que, según Eloy Recio[1], no es otra cosa que esperar unas determinadas conductas y no otras. Los distintos juegos buscan un acuerdo entre los jugadores, un sentido, un significado y esto quiere decir que demandan interpretarse para poder jugarse. Los juegos de carreras, de azar y los juegos con un bebé son radicalmente diferentes. Son las reglas del juego y su seguimiento las que nos posibilitan que alcancemos cotas de perfección en aquellos juegos que emprendemos. Pensemos en las bailarinas. Aceptar las reglas que rigen la acción de bailar supone que, tras mucho practicar y un arduo trabajo, sus movimientos parezcan sencillos, llenos de agilidad y belleza, como si salieran de forma natural cuando, en realidad, se ha logrado esa perfección gracias a horas y horas de esfuerzo.

Hace varios siglos, el gran teólogo Tomas de Aquino[2] escribió, en su *Suma teológica*, unos comentarios sugerentes sobre la importancia del juego, basándose en la *Ética a Nicómaco* de Aristóteles. Describe que el ideal del ser humano es ser un *eutrapelos*, es decir, aquella persona que ha alcanzado la sabiduría de saber gobernarse,

---

[1] *https://www.yumpu.com/es/document/view/14154252/el-juego-un-planteamiento-filosofico-eloy-recio-fernandez*

[2] Tomas de Aquino, *Suma Teológica II*, cuestión 168, artículo 2-4.

de vivir en armonía evitando, por un lado, comportarse como un *bomolochos* (un bufón que está siempre tratando de hacerse el simpático), y, por otro, como un *agroikos* (una persona gruñona y malhumorada, rígida y excesivamente seria).

Es precisamente esta armonía la que conlleva que viva con ligereza, agilidad y destreza, viendo las dificultades como oportunidades, actitud que describen con gran erudición el historiador holandés Johan Huizinga[3] y el teólogo alemán Hugo Rahner[4]. Frente a las imágenes convencionales del *homo sapiens* y del *homo faber*, Huizinga contrapone al *homo ludens*, «el hombre que juega». De este modo explica que la cultura humana brota, a lo largo de los siglos, más del juego que del trabajo. De un modo mucho más resumido y teológico, Rahner explica que la ligereza y viveza del hombre que juega no han de ser confundidas con la frivolidad y trivialidad. El *homo ludens* es aquel que sabe jugar ante Dios, tal como dice el libro de los Proverbios 8,30: «… y era yo todos los días su delicia, jugando en su presencia en todo tiempo». El hombre que ha aprendido a vivir de este modo, jugando como un niño ante Dios, gozará ciertamente de una gran agilidad y ligereza, que nunca deberán confundirse con la frivolidad o futilidad, que conllevan el sinsentido y, a la postre, la angustia o desesperación. El juglar de Dios tiene bien claro el sentido de su vida, pero también la certeza acerca de su contingencia, fragilidad y limitación, de su ser creatural.

En definitiva, el *homo ludens* siempre sabrá gozar del buen humor y de la alegría profunda que provienen de

---

[3] Johan Huizinga, *Homo ludens*, Madrid, 2012.
[4] Hugo Rahner, *Der spielende Mensch*, Freiburg, 2008.

saberse protegido y sostenido por Dios, de ser hijo de Dios; pero, por otro lado, también será consciente del carácter trágico y abismal de la vida, dado el peligro de perderse por caminos errados en caso de hacer mal uso de su libertad.

SOMOS BUSCADORES Y DESCUBRIDORES

En realidad, jugamos con más frecuencia de la que pensamos. Basta con que reflexionemos acerca de nuestros pensamientos y las decisiones que tomamos. ¿Acaso no es un juego barajar las diferentes posibilidades para solucionar un problema? Antes de actuar, seguro que ponderamos con detalle cómo llevar a cabo lo que nos hemos propuesto; necesitamos «con-jugar» muchas posibilidades, buscando para ello la más adecuada.

¡Cuánto jugábamos cuando éramos pequeños! Y ahora, ¿qué ocurriría si dejásemos de jugar? Seríamos como los ordenadores, incapaces de jugar con sus pensamientos, lo que les impide elaborar algo distinto de aquello para lo que están programados. Sin poder con-jugar ideas, nuestra vida carecería de vitalidad. Sin *élan vital* sería una vida aburrida.

Rememorando nuestra niñez quizás recordemos que gracias al juego descubríamos lo que estaba permitido y dónde se encontraban los límites. De este modo, nos «autorregulábamos», concepto que en la neurobiología tiene un papel muy importante. El niño se va desarrollando poco a poco de acuerdo con los estímulos que recibe del mundo exterior y, de ese modo, su cerebro se va autoorganizando. Tal y como hemos afirmado en el capítulo 6, el niño es el arquitecto de su propio cerebro. Para ello, es vital el juego, pues posibilita que vayamos probando una y otra vez (*spielerisch ausprobieren*[5]), haciendo que surja la creatividad.

Todos somos capaces de innovar la realidad –aunque sea solo un poco–, gracias a nuestros pensamientos (*linear innovation* o innovación lineal). Todos somos creativos, en mayor o menor medida. Sin embargo, hay momentos en los que se dan descubrimientos revolucionarios y rompedores (*breakthrough innovation*), como el de la Doble Hélice del ADN o el de la luz. Lo curioso es que no surgieron bajo presión, sino cuando sus descubridores llevaban tiempo jugando con sus pensamientos. Es lo que le confesó Max Planck –quien formuló la teoría cuántica– a su hijo Erwin, un día paseando por Berlín: «Esta noche me han venido unos pensamientos a la cabeza que podrían revolucionar la física».

Todos somos buscadores y descubridores, aunque los niños tienen mayor creatividad que los adultos. Pero la creatividad no camina sola. Como decía Pablo Picasso: «La inspiración existe, pero tiene que encontrarte trabajando». Invención, juego, creatividad; esfuerzo, disciplina y respeto a las normas, no son elementos contradictorios sino más bien complementarios.

SABER TRANSCENDER LO MERAMENTE MATERIAL

Después de lo dicho sobre la importancia del juego para la motivación en el día a día queremos dar un paso más en nuestras reflexiones y tratar de exponer la dimensión

---

[5] Gerald Hüther, Christoph Quarch, *Rettet das Spiel!. Weil Leben mehr als Funktionieren ist*, München, 2018. La traducción española de ese título sería *¡Salvad el juego! Porque la vida es mucho más que tan solo funcionar*.

profunda de un trabajo bien hecho, de un trabajo «hecho con la seriedad de un niño que juega»[6].

Trabajar significa no solo ejercer influencia sobre algo, sino también relacionarse con el mundo y con el entorno social. Al trabajar el hombre se relaciona no solo con el cosmos, sobre el que actúa y al que modifica, sino también con sus semejantes, con los que colabora. El trabajo puede contribuir a nuestra felicidad o nos puede hacer enfermar. De hecho, hoy en día el motivo más frecuente por el que tantos pacientes acuden al psiquiatra es tener problemas en el trabajo, como no ser reconocidos y valorados, los relacionados con el nuevo jefe o con los compañeros, etcétera, según me comentan con frecuencia mis colegas psiquiatras alemanes. Desde el punto de vista de la investigación cerebral, de la medicina en general y de la antropología, conviene tener en cuenta un cierto marco de orientación (*frame*) para experimentar verdadera alegría al realizar el trabajo bien hecho y no enfermar a consecuencia de este.

El antropólogo Arnold Gehlen nos dice que «el hombre no está encerrado, como el animal, en un mundo circundante. El hombre es libre del mundo circundante y está abierto al mundo. El espíritu le da el poder para captar el mundo»[7]. Gracias a nuestro conocimiento espiritual somos capaces de trabajar dando pleno sentido a nuestra labor. Si realizásemos nuestro trabajo con anteojeras, sin saber trascender lo meramente material y empírico, acabaríamos siendo sus esclavos. Trabajar con el único fin de cubrir necesidades materiales, o para llegar a ser como

---

[6] Jaime Nubiola, *Vivir, pensar, soñar*, Rialp, Madrid, 2017, p. 50.

[7] Arnold Gehlen, *Der Mensch. Seine Natur und seine Stellung in der Welt*, Wiebelsheim, 2003, p. 17.

los que más tienen; trabajar, en fin, sin cultivar el espíritu, nos aleja de la verdad, la belleza y el bien. En este modelo de trabajo, no sería prioritario ni el hombre que lo realiza ni la labor que desempeña, tan solo su producción, el beneficio que podría aportar.

PRAXIS Y POIÊSIS

En el libro VI de su *Ética a Nicómaco*, Aristóteles[8] expone por primera vez dos dimensiones muy sugerentes del actuar humano. Por un lado, está la *poiêsis* y por otro la *praxis*. La *poiêsis* es sinónimo de producción y por ello de dependencia material; es, por tanto, un acto imperfecto que solo se interesa por el resultado exterior. Aquí el error humano consiste, como diría Aristóteles, en actuar sin sabiduría por no tener en cuenta al hombre en su totalidad, no considerar la vida humana en su conjunto[9]. La *praxis*, por el contrario, se caracteriza por la acción que busca la vida lograda. Considera los actos humanos en cuanto enriquecen a la persona que actúa, que está efectuando el trabajo.

Estamos llamados a realizar un buen trabajo, pero no a fabricar o producir algo. Cualquier persona que trabaje en una empresa, independientemente del cargo que ocupe,

---

[8] Aristóteles señala en su *Ética a Nicómaco*, «la *praxis* y la *poiêsis* son distintas (éteron)», libro VI, 4; 1140a 17.

[9] La experiencia nos dice que un empresario puede dedicar muchas energías a algo tan esencial como es su trabajo, pero al mismo tiempo puede descuidar su familia, su salud, su formación cultural. Esta falta de visión global por no considerar la vida humana en su conjunto se caracteriza por un enfoque parcial, quizás colmado de éxitos profesionales, pero que acaba conduciendo a una frustración existencial, a una falta de sentido profundo en el quehacer cotidiano. La consecuencia es una persona insatisfecha por haber equivocado su camino.

168

no es un instrumento de producción, sino que está en ella para realizar bien su tarea y, de este modo, hacer un buen servicio. Lo suyo no es hacer una obra material, sino servir. Por supuesto, el resultado de ese trabajo bien realizado será, por lo general, un producto excelente. Pero es importante captar, sobre todo, el sentido profundo del actuar humano, e insistir en que la ilusión o entusiasmo de los trabajadores son fundamentales para realizar un buen trabajo.

La vida lograda no es resultado de una *poiêsis*, de una producción, sino de una totalidad de *praxis*, de un camino certero para llegar a lo auténticamente humano. Dicho de otro modo, para que el hombre llegue a lograr su vida y no malograrla conviene recordar que no existimos tan solo por el mero hecho de existir o de sobrevivir, sino que nos realizamos a través de nuestro existir, como ser para el que la existencia no es un mero hecho, un puro darse sin resonancia alguna para él mismo en cuanto sujeto, sino un proceso a través del cual él, en cuanto sujeto, se realiza o desarrolla. Pero a través de la *poiêsis* el hombre se hace esclavo de su trabajo, pues considera que no es el trabajo para el hombre, sino el hombre para el trabajo[10].

Para llegar a la felicidad a través de un trabajo logrado, es necesario no solamente apelar a la responsabilidad de los ejecutivos de sistemas económicos y financieros, de los que hacen y mueven la economía, sino también a la responsabilidad de los mismos trabajadores. Adquirir la responsabilidad de realizar un trabajo bien hecho comienza a fraguarse en la edad escolar. Es allí donde han de solidificarse las bases para lograr un buen arraigo en las tareas escolares, donde han de experimentar los niños el gusto por las cosas bien hechas y el disgusto por las chapuzas.

---

[10] Juan Pablo II, *Laborem exercens*, n. 6.

La realización de tareas bien hechas ha de salir de dentro del niño. Es importante que los padres, los profesores y otros responsables traten de que los adolescentes cumplan responsablemente con sus tareas, no solo escolares, sino también familiares y sociales, no dejándose influir por el sinfín de estímulos procedentes de una sociedad tan mediática y digitalizada. De su capacidad de responsabilizarse ante trabajos escolares y de relacionarse empáticamente no solo con los alumnos de su misma clase o del mismo colegio, sino también con personas de otras generaciones, dependerá en gran medida su éxito o fracaso en la vida laboral.

El dinero es un medio, no un fin

Un trabajo desconectado de la verdad, de la belleza y del bien se rige por la lógica del consumismo[11]. En el trabajo realizado únicamente para el consumo no es prioritario ni el hombre que lo realiza ni la labor que desempeña, pero sí el beneficio que se obtiene. La gran filósofa francesa Simone Weil denunciaba el trabajo orientado solo a la producción al comprobar que de ese modo se explota al ser humano. Así, «los hombres acabarían perdiendo el contacto con este universo y, además, se les privaría de la apertura al otro»[12].

¿Qué ocurre si situamos el trabajo en el horizonte de un saber parcial y sectorial que se olvida de tener en cuenta la felicidad de todo el ser humano? ¿Qué ocurre si sacrificamos

---

[11] Raquel Lázaro Cantero, «Trabajo, mundo y paz social», en *Trabajo y espíritu. IV Simposio Internacional Fe Cristiana y Cultura Contemporánea*, ed. por Jon Borobia, Miguel Lluch, José Ignacio Murillo, Eduardo Terrasa, Pamplona, 2004, pp. 107-119.

[12] Simone Weil, *Echar raíces*, Madrid, 1996, p. 53.

todo para la obtención del poder y del dinero? Educar a los alumnos en un pensamiento que fragmenta el todo para estudiar únicamente sus partes, acabaría por generar un caldo de cultivo para un sinfín de detonantes sociales. Dicho de otro modo, si educamos a los niños para que vean el dinero como único medio con el que obtener la felicidad, las consecuencias sociales serán desastrosas.

A un niño des-ligado y des-arraigado de los principios inherentes a la naturaleza humana, fácilmente se le podría tratar como materia inerte, como una pieza más del engranaje de la maquinaria de producción. Tratar a una persona tan solo como productora de dinero equivaldría a instrumentalizarla. Un instrumento, por naturaleza, siempre es un medio; y el dinero lo es de forma muy particular, precisamente por su exclusiva y excluyente condición de instrumento. De ahí que convertirlo en fin sea algo perverso y antinatural.

Esto es lo que ha ocurrido y sigue ocurriendo en muchas sociedades, confundir el dinero, que es un medio, con un fin en sí mismo. Si no somos capaces de poner el dinero al servicio del ser humano, de considerarlo un medio, es muy fácil que se convierta en dañino. Además, alimentamos con esta mentalidad la necesidad absoluta de ganar dinero para satisfacer necesidades materiales, las únicas que en ese caso se podrían apreciar. Y cuanto más dinero se tiene, más se quiere tener, pues sin cesar se descubren necesidades nuevas. Esta pasión se convierte en el único objetivo de la vida.

EFECTOS NOCIVOS DEL *HOMO OECONOMICUS*

Buscar tan solo la satisfacción egoísta de necesidades materiales equivale a alimentar progresivamente el egoísmo del *homo oeconomicus* cuya actuación está en neta oposición con los consejos que nos vienen dados por los conocimientos neurobiológicos sobre el sistema motivacional del cerebro humano para conseguir la felicidad del sujeto. El sistema motivacional del *homo oeconomicus* podría estar dañado al faltarle la verdadera motivación que viene dada, en parte, por la armonía en las relaciones que adquiere con sus íntimos, pero si no hace otra cosa que desconfiar de ellos, poco a poco se hundirá en la apatía más profunda y no sería de extrañar que le faltasen las sustancias mensajeras neuroplásticas necesarias para su bienestar. Acordémonos de que para que el sistema motivacional –al que nos hemos referido en otros capítulos– pueda segregar el cóctel de sustancias mensajeras de la felicidad, el sujeto ha de establecer relaciones de reconocimiento, de aceptación, de generosidad, de simpatía y de amor con sus compañeros de trabajo[13]. Para conseguir esto, el sujeto estará dispuesto, sobre todo, a trabajar en aras de la consecución de estos bienes espirituales.

---

[13] Lo que acabamos de decir lo podemos sentir de modo especial con la música, que nos eleva al reino de la pura belleza. La música es relación, y en una composición tan sublime como la Novena Sinfonía de Ludwig van Beethoven sentimos una explosión de alegría desbordante como consecuencia de vivir la solidaridad humana. La intención de Beethoven, que tuvo que sufrir tanto a causa de su sordera, era conducirnos a la felicidad, promoviendo la solidaridad de las gentes entre sí y de todas con el Creador. Y esta felicidad suponía estar inmerso en la belleza. En la sinfonía, después del *adagio molto cantábile*, la armonía salta hecha añicos ante el comienzo tempestuoso del Cuarto Tiempo. Llega incluso a introducir la voz humana para decirnos que evitemos toda desarmonía entre los hombres. Es aleccionador advertir que, al incrementarse la solidaridad, la fraternidad y la unidad entre las personas, se acrecienta la belleza. Queda así patente en la sinfonía, al ser realzada la unidad entre las gentes y con el Creador, la idea de que la unidad y la belleza proceden de la misma fuente y se potencian mutuamente.

Ser reconocido en el puesto de trabajo tiene mucho que ver con el buen clima que se genera en un ambiente de mutua confianza y nos lleva a gozar del verdadero élan vital, tan necesario para la salud. Por el contrario, la falta de reconocimiento, la aparición de formas indignantes en el trato o la manifestación de diferentes formas de *mobbing*, acaban por deteriorar la motivación y la salud de los trabajadores.

La empatía nos capacita para sentir lo que otra persona siente, pudiendo percibir cómo está viviendo un acontecimiento determinado. Se trata de un cambio de perspectiva que sabe adaptarse a los pensamientos del otro. Esto es importante a la hora de trabajar, sobre todo en los trabajos en equipo en los que se requiere de modo especial registrar el estado de ánimo de los demás, sus problemas, sus motivaciones, sus penas y sus alegrías. En el sector servicios adquiere incluso mayor importancia, porque el trabajo se realiza en contacto inmediato con los clientes, los pacientes, los universitarios, los escolares o los niños. Estos servicios, por lo general, nos hacen muy felices, si bien también pueden resultar agotadores y, en algunos casos, incluso estresantes. Ayudar a la buena formación de los niños, que serán los pilares del mañana en la sociedad, no deja de ser un gran reto que puede proporcionarnos muchas satisfacciones personales, pero también situaciones de estrés agobiantes.

Los sistemas neuronales nos permiten comprender y compartir el estado de ánimo de otras personas. En el mismo puesto de trabajo, por compartir el mismo lugar y por trabajar juntos, se pueden contagiar más fácilmente el buen o el mal humor. Además, por la forma de darse a conocer se puede influir en los colegas de trabajo, en los pacientes o clientes. Son personas con irradiación que, dependiendo de los casos, pueden inspirar confianza o no.

Es bien conocido que las mujeres, por lo general, poseen mejores cualidades a la hora de trabajar en equipo. El motivo neurobiológico se basa, sobre todo, en la mayor producción de la hormona oxitocina, que contribuye a crear relaciones empáticas llenas de confianza[14]. Este es el motivo neuro-biológico por el que, en el mundo del trabajo, en el que la cooperación empática es tan relevante para la realización de una buena labor, sería de desear que hubiese más mujeres en puestos directivos. Por otro lado, las empresas se dan cada vez más cuenta, como bien apunta Joachim Bauer[15], de la importancia que tiene mejorar la capacidad de empatizar emocionalmente con los que componen el mismo grupo de trabajo, la misma oficina, el mismo colegio, etcétera. Se trata de entrenar lo que en el capítulo sobre las neuronas espejo hemos denominado la *Theory of mind*, es decir, la capacidad de realizar un cambio de perspectiva para captar mejor lo que piensan los otros. Es posible educar al niño en la *Theory of mind* a partir de los tres años.

TRABAJAR CON PLENITUD DE SENTIDO

Hemos visto que el hombre es capaz de apreciar el sentido de las cosas, su teleología. Dar sentido a las cosas es una capacidad humana extraordinaria, nacida de la inteligencia y de la libertad y que pone las cosas en relación con su fin. Ahora bien, el hombre puede no tener en cuenta el sentido de las cosas, su significado natural y propio. A esta actitud el filósofo Ricardo Yepes la denominaba

---

[14] Joachim Bauer, *Arbeit. Warum unser Glück von ihr abhängt und wie sie uns krank macht*, München, 2013, p. 35.

[15] Ibídem, p. 36.

instrumentalismo[16], porque despoja a las cosas de su verdadero ser y de su sentido propio y las reduce a puros instrumentos, sometiéndolas, incluso, a fines ajenos que no les corresponden. El instrumentalismo es la pérdida del sentido natural de las cosas y supone disponer mal de ellas —un ejemplo sería la deforestación del Amazonas sin prever una eficiente reforestación—. Pero, además, implica disponer también mal de las personas, manipulándolas para obtener fines egoístas e interesados[17].

De igual modo, la sustitución del fin propio de la economía por el beneficio monetario es una forma de instrumentalismo que hoy afecta no solo a las personas privadas, sino, sobre todo, a las instituciones económicas y a los directivos responsables de estas acciones. Esto es lo que se conoce con el nombre de *economicismo*, que concibe la economía como la única actividad importante del hombre.

El economicismo utiliza, por tanto, la ciencia económica como el criterio decisivo para analizar todas las realidades humanas. La máxima del *homo oeconomicus* es que el alma de un hombre es su cuenta bancaria, pues juzga el valor y las posibilidades de las personas y de sus acciones según la cantidad de dinero que hayan sido capaces de obtener, y muestra desprecio por todo lo que no se refleje en la cuenta de resultados. De este modo se coloca en las antípodas del *homo ludens*.

La consecuencia final del economicismo es un modo de ver la vida que pone, como fin y valor primero, al *yo mismo y mis intereses*. Pero ocurre que cuando los intereses propios se encauzan únicamente desde una perspectiva

---

[16] Ricardo Yepes Stork, *Fundamentos de antropología. Un ideal de la excelencia humana*, Pamplona, 1996, pp. 118-123.

[17] Ibídem, pp. 122-123.

egocéntrica, entonces no se puede vivir en armonía con los demás. Si uno se niega a actuar con rectitud de intención y se desentiende de hacerlo en bien de los demás, se precipita en el abismo de lo banal y lo mezquino, se aleja de la realidad existencial y, con ello, se empobrece como ser humano, encaminándose hacia el áspero sendero que fácilmente conduce a la neurosis.

Esta persona mirará, únicamente, hacia la meta que se ha forjado en su yo. El egocéntrico sacrifica todo con tal de conseguir sus fines personales, sin importarle de qué índole sean: ser rico, poderoso, etcétera. El motor de su vida es un yo idealizado y, por tanto, utópico. De este modo, se auto intoxica psíquicamente, con el riesgo de caer en la neurosis, cuyas manifestaciones más habituales son la angustia y el sentido de culpa. La neurosis, en cuya base se encuentra una pulsión egocéntrica, es una fijación del yo que impide su desarrollo hacia la madurez y pone de manifiesto un modo equivocado de estar en el mundo[18]. El hombre al que le falta la auténtica grandeza se altera con facilidad y en él la ceguera respecto al bien objetivo se va haciendo cada vez mayor. Por el contrario, la persona auténticamente grande, la magnánima, es decir, la que sabe actuar con el señorío de realizar tareas en favor de los demás, no se altera, se mantiene equilibrada.

La ética no solo considera al empresario, al carpintero, al pintor, al médico bajo el punto de vista de las habilidades específicas de su profesión. Eso equivaldría a tener una visión muy corta y reducida del ser humano. A la ética también le interesa si es una buena persona en su totalidad, es decir, que además incluye el ser feliz en su matrimonio, ser

---

[18] Joan Baptista Torelló, *Psicología y vida espiritual*, Rialp, Madrid, 2008, pp. 110-127.

un buen padre o una buena madre, un buen compañero de trabajo en el que se puede confiar. La ética considera todos los aspectos de una vida humana para que, de este modo, llegue a ser una vida lograda, para que el buen trabajador sea un trabajador honrado, para que el buen economista llegue a ser un economista bueno.

Para un cristiano el valor de un trabajo se mide no por criterios materialistas sino por el amor con que se realiza, por el espíritu de servicio que lo impregna. «La dignidad del trabajo está fundada en el amor. El gran privilegio del hombre es poder amar, trascendiendo así lo efímero y lo transitorio... Por eso el hombre no debe limitarse a hacer cosas, a construir objetos. El trabajo nace del amor, manifiesta el amor, se ordena al amor»[19]. Es posible, por tanto, realizar el trabajo humano entrando para ello en conexión con la esfera divina y esta posibilidad se conoce también con el nombre de «santificar el trabajo», que no es más que trabajar bien, adquirir un sólido prestigio profesional, fundado sobre la responsabilidad de ser ejemplares en el trabajo y de desarrollar los propios talentos no solo para el bien propio sino también para la sociedad.

Ciertamente, trabajar con plenitud de sentido no significa hacerlo con ausencia de esfuerzo, sin fatiga, al margen de éxitos o fracasos, sino más bien, a pesar de las dificultades, desagradecimientos y amarguras, comprobar los frutos sabrosos, la semilla de eternidad[20] que produce el trabajo hecho por amor; algo que, en la mayoría de los casos, nos ayudará a realizarlo incluso con entusiasmo. Y esto es precisamente lo que deberíamos enseñar a los niños, que una de las cosas más bellas de la vida es el

---

[19] Josemaría Escrivá, *Es Cristo que pasa*, Rialp, Madrid, n. 48.
[20] Josemaría Escrivá, *Amigos de Dios*, Rialp, Madrid, 2013, n.71.

trabajo a gusto. También podríamos decir, disfrutar con lo que uno hace. Al gozar de nuestro trabajo, ciertamente estaremos ante una señal inequívoca de haber acertado en la elección y de que además lo estamos haciendo bien.

La palabra entusiasmo procede originariamente de *enthousiázon*[21], que significa estar inmerso en Dios. Esta nueva luz sobre el significado del trabajo, de hacer todo por amor, ayuda a superar ciertas mentalidades que no acaban de apreciar la importancia del trabajo, tantas veces oculto, del hogar, y de aquel que carece a simple vista del brillo humano y de éxitos profesionales. Por eso no deja de ser un reto volver al gran motor de nuestras acciones, que siempre es el amor, y que nos permite captar la transcendencia de cada actividad humana.

Quisiera finalizar estas reflexiones destacando la importancia de profundizar en el sentido de un trabajo bien hecho y, de manera especial, la necesidad de que los maestros hagan su trabajo del mejor modo posible, contribuyendo así a que los niños se entusiasmen por una disciplina o una profesión. También George Steiner, en su libro *Lecciones de los maestros*[22], afirma que «el profesor no es más que el *humus* del suelo. Cuanto más enseña uno, más se mantiene en contacto con la vida y sus resultados positivos. Considerándolo todo, a veces me pregunto si el profesor no es el verdadero alumno y el beneficiario». Y más adelante: «Los grandes profesores se caracterizaban por su entrega absoluta en el acto de enseñar, y su axioma de que el talento, la creatividad, no están sometidos a la justicia social reforzaba no solo su propio elitismo sino

---

[21] Véase Josef Pieper, *Begeisterung und Göttlicher Wahnsinn*, München, 1962, p. 85.

[22] George Steiner, *Lecciones de los maestros*, Madrid, 2016, pp. 131-132.

también el de sus alumnos. La donación suprema de un Maestro consistía en darles la confianza que necesitaban para llegar a ser lo que debían ser»[23].

Y en mayo de 1970 añadió en el *Musical Journal*: «Nunca es suficiente el cuidado que ha de ponerse en la formación de un niño..., tenemos que hacer todo lo que podamos por alguien que puede hacer mucho; lo contrario, es injusto para nuestra justicia humana. Pero la justicia humana es una justicia pequeña» (¡cómo habrían estado de acuerdo con estas palabras Platón y Goethe!).

Hemos de enseñar a los niños el amor por el trabajo, por las cosas bien hechas, tanto los padres como los profesores, aunque especialmente estos últimos. Hay que saber entusiasmarles —el juego contribuye mucho a ello—, con el fin de que trabajen con amor y gocen de su trabajo. Que su vida llegue a la plenitud, que logren ser lo que están llamados a ser, depende en gran medida de ello.

---

[23] Ibídem p. 132.

A MODO DE CONCLUSIÓN

*El buen educador, cuya magnanimidad es desinteresada,
consigue orientar los anhelos de los jóvenes hacia altos ideales.
Es feliz viendo sus grandes metas y su ilusión por alcanzarlas,
sin dejar de ser consciente de que son los jóvenes mismos
los auténticos protagonistas de sus vidas.*

JUTTA BURGGRAF

LLEGAMOS ASÍ AL FINAL DE NUESTRAS REFLEXIONES sobre
los conocimientos neurobiológicos y espirituales que hemos de tener en cuenta para que nuestros hijos maduren
convenientemente y de ese modo sean felices. Tenemos,
pues, ante nosotros el apasionante desafío de hacer fuerte a toda una generación de niños que, con no poca frecuencia, sufre el acoso de una sociedad ajena a las etapas
cognitivas y afectivas que jalonan todo proceso natural de
maduración. El niño tiene derecho a ser niño. «¡Dejad-
me ser niña!», gritaba una pequeña de nueve años al ver
cómo, ya en edad tan temprana, le atosigaban los intereses
perversos de una sociedad consumista, ávida por despo-
jarla de esa valiosa ingenuidad que tan felizmente podría
guiarla por los caminos del asombro y de la saludable maduración cognitiva y afectiva.

Hemos visto que desde la Antigüedad se ha reflexionado mucho sobre la *eudaimonia* o vida feliz. Según

Aristóteles[1] —y no es fácil discrepar de esto—, es imposible no querer ser feliz. El problema es que a veces pensamos que haciendo una cosa determinada lograremos serlo, y no es así; en otras ocasiones, deseamos con ansia algo que luego no nos proporciona la felicidad esperada. En definitiva, sucede que no sabemos lo que puede hacernos auténticamente felices.

Una primera pista para solucionar este problema es que la felicidad no es consecuencia de llevar una vida sin tensiones, sin contratiempos de ningún género; una vida, por otra parte, irreal, pues tal cosa no existe. No se trata tanto de «tener la vida resuelta», como se suele decir, sino de poseer un corazón enamorado, que se sabe ilusionar y entusiasmar con los retos, grandes o pequeños, de cada día, convirtiéndolos en pequeñas o grandes esperanzas.

Es allí, en lo cotidiano, en lo que va acaeciendo a diario —una promoción profesional, una gestión económica, el buen resultado de una operación quirúrgica, una mudanza o un traslado culminado con éxito, un hijo que supera un problema—, donde daremos con la felicidad que, como hemos apuntado en otra ocasión, se apoya eminentemente en la serenidad[2]. El escritor Antoine de Saint-Exupéry expresa de manera magistral esta idea en un párrafo de su conocida novela *El principito*, en el que describe lo que supone el encuentro entre dos amigos verdaderos: «Hubiera sido mejor que volvieras a la misma hora —dijo el zorro—. Si tú vienes, por ejemplo, a las cuatro de la tarde, desde las tres comenzaré a ser feliz. Cuanto más avance la hora, más feliz me sentiré. A las cuatro me sentiré agitado, inquieto, solo así descubriré el precio de

---

[1] Aristóteles, *Ética a Nicómaco*, libro I, 1094a, 1095a.
[2] Alfred Sonnenfeld, *op. cit.*, 2018.

la felicidad. Pero si tú vienes a cualquier hora, nunca sabré a qué hora preparar mi corazón»[3]. En algo tan cotidiano como la amistad, se encuentra uno de los pilares de la felicidad. Y bien sabemos que la verdadera amistad no está exenta de tensiones o problemas en algún momento, del mismo modo que requiere un corazón ilusionado y enamorado para dar fruto.

Pero aún hay más. El cumplimiento de las pequeñas o grandes esperanzas cotidianas no lo es todo. No dejamos de trabajar, de «poner toda la carne en el asador», aun conscientes de la brevedad de la vida. Porque el ser humano va más allá. No nos basta la experiencia de la finitud; tenemos esperanza de infinitud. Perseguimos la plenitud, la totalidad, por eso nuestro esfuerzo se proyecta siempre hacia adelante, pues anhelamos algo más que la experiencia pasajera de la felicidad terrena. Ya aquí experimentamos que podemos trascender nuestro mundo material, dado que nuestro deseo de felicidad no cesa.

Vivimos así en tensión entre nuestra propia finitud e imperfección, por una parte, y el deseo de lo infinito, absoluto y perfecto, por otra. Quizás nos acordemos de momentos especialmente sublimes en los que teníamos la sensación de estar tocando el cielo; instantes de epifanía en los que se suspende el curso de la historia. Desde el centro mismo del tiempo estábamos tocando la eternidad. Queremos, tal como lo han expresado muchos poetas, retener, detener o contener ese momento de resplandor que se nos presenta, con todo su fulgor, muy escasas veces en nuestra vida. Ansiamos lo infinito y eterno. Tendemos hacia una perfección última que no podemos darnos nosotros mismos. «El hombre supera infinitamente al hombre», decía Pascal.

---

[3] Antoine de Saint-Exúpery, *El principito*, Madrid, 2008, p. 66.

Hemos insistido en que podemos más de lo que pensamos y queremos ayudar a nuestros hijos a que no sean una versión rebajada de lo que podrían ser. Para ello hemos tenido en cuenta la extraordinaria y maravillosa complejidad del ser humano, en quien confluyen de forma admirable el sustrato genético, las estructuras neurobiológicas y su esfera psíquica —con su innegable dimensión espiritual—, junto con una amplia gama de factores de tipo biográfico, ambiental y sociocultural. Siempre hemos de tener en cuenta la naturaleza humana para llevar una vida saludable. Hemos con-jugado diferentes temas que consideramos necesarios para que tú y tus hijos seáis felices. Y hemos repetido que se trata de un marco, de un *frame*, siempre en sintonía con los conocimientos más actuales de la neurobiología.

Pero, además, y esta es la primera conclusión que deseamos que el lector extraiga de este libro, vale la pena vivir con coherencia ética, pues solo así seremos felices y contribuiremos a que quienes nos rodean se adentren también por caminos de plenitud. El ser humano llega a ser como debe ser solo si es digno de confianza —fiable para sí y los demás—, si es una persona coherente, cuyo sí es un sí y cuyo no es un no.

La segunda conclusión tiene que ver con el amor, motor fundamental. Dice Robert Spaemann[4] que al hombre le es posible transcenderse a sí mismo, no solamente como un ser pensante, sino también como un ser que siente y que quiere: un ser, por tanto, que es capaz de alegrarse con los que se alegran y de llorar con los que lloran. Y eso es amar. Desde la perspectiva del amor, la contraposición

---

[4] Robert Spaemann, *Ética, política y cristianismo,* Madrid, 2007, pp. 162-163.

entre querer y deber queda superada; así se hace posible una felicidad que llega a ser completa y que resulta en sí misma indescriptible.

Quizá alguien pueda pensar que la felicidad es una utopía. Sin embargo, la experiencia nos enseña que es posible aprender mucho del comportamiento de los niños, que muy probablemente nuestra sociedad sería más feliz, más lograda y, ¿por qué no decirlo?, más avanzada si observase con atención las huellas que con tanta ternura van dejando los más pequeños con su ingenuo caminar. Espero que este libro les haya convencido de que la felicidad —la nuestra y la de nuestros hijos— es una meta posible de alcanzar, de que merece la pena trabajar por una sociedad más adecuada a la medida de los niños. Iremos por el buen sendero si adoptamos un compromiso más ético, si nos esforzamos por perfeccionarnos y nos atrevemos a experimentar la dicha de vivir la vida para amar. Si nos dejamos entusiasmar, en definitiva, por el reto de contagiar esa dicha a nuestros hijos e hijas para que, así, sean más felices.

ESTE LIBRO, PUBLICADO POR
EDICIONES RIALP, S. A.,
MANUEL URIBE 13-15, 28033 MADRID,
SE TERMINÓ DE IMPRIMIR EN
ANZOS, S. L. FUENLABRADA (MADRID),
EL DÍA 16 DE DICIEMBRE DE 2025.